U.P.plus

War on
Gaza

ガザ紛争

鈴木啓之 編
Hiroyuki SUZUKI

東京大学出版会

UP plus
War on Gaza

Hiroyuki SUZUKI, Editors

University of Tokyo Press, 2024
ISBN978-4-13-033308-5

ガザ紛争　目次

中東・イスラエル・パレスチナを巡る年表

19世紀後半	ロシア帝国でポグロム（ユダヤ人迫害）が発生
	アメリカやヨーロッパのほか、一部のユダヤ人がパレスチナに移住
	シオニズム運動（ユダヤ人による国家建設運動）が始まる
1869年	スエズ運河開通（1875年にイギリスの管理権拡大）
1881年	エジプトでウラービー運動の発生
	翌82年に運動を鎮圧したイギリスはエジプトを保護国化
1894年	ドレフュス事件
1896年	テオドール・ヘルツル著『ユダヤ人国家』ウィーンで出版
1897年	第1回シオニスト会議がスイスのバーゼルで開催
1914年	第一次世界大戦勃発
1915年	フサイン・マクマホン書簡
	イギリスがオスマン帝国領内のアラブ人に独立を約束
1916年	サイクス・ピコ協定
	イギリス・フランス・ロシアがオスマン帝国領の分割を秘密裡に取り決め
1917年	バルフォア宣言
	イギリスがパレスチナにユダヤ人の民族的郷土建設を支持
1918年	第一次世界大戦終結
1920年	パレスチナがイギリス委任統治領となる（正式承認は1923年）
1939年	第二次世界大戦勃発
1945年	第二次世界大戦終結
1947年	国連総会でパレスチナ分割決議（181号）が採択
	ユダヤ国家とアラブ国家の樹立を目指す
	パレスチナでは内戦が激化
1948年	第一次中東戦争
	イスラエルの建国宣言に伴い、周辺のアラブ諸国が宣戦布告
	パレスチナ人の故郷喪失が決定的となり、「ナクバ」（大災厄）と呼ばれる
1956年	第二次中東戦争（スエズ戦争）
	エジプトによるスエズ運河国有化宣言を受けて、イギリスとフランスが攻撃
	イスラエルも加わって戦闘が行われたが、米ソの働きかけにより戦闘終結
1964年	パレスチナ解放機構（PLO）成立
1967年	第三次中東戦争（六日戦争）
	イスラエルがエジプト、シリア、ヨルダンに対して先制攻撃を実施し、ヨルダン川西岸地区やガザ地区、ゴラン高原などを占領
1969年	ヤーセル・アラファトがPLOの議長に就任
1973年	第四次中東戦争（十月戦争／ラマダン戦争／ヨウム・キップール戦争）
	エジプトとシリアがイスラエルを奇襲
	湾岸アラブ産油国による石油戦略が発動され、オイルショックが引き起こされた
1975年	レバノン内戦開始
1979年	イラン革命
	エジプト・イスラエル和平条約
1982年	イスラエルがレバノンに侵攻しPLOを追放
	ヒズブッラーが活動を開始
1987年	第1次インティファーダ（パレスチナ人の民衆蜂起）始まる
	ハマースが発足
1990年	湾岸危機（イラクのクウェート侵攻）
1991年	湾岸戦争
	中東和平会議（マドリード和平会議）
1993年	オスロ合意
	イスラエルとPLOが相互承認し、暫定自治の開始を取り決め
1994年	パレスチナ暫定自治政府が設立
	ヨルダンがイスラエルと和平
1995年	イスラエル・ラビン首相暗殺
1996年	イスラエル・ネタニヤフ政権（第一次）発足
1999年	イスラエル・バラク政権発足
2000年	キャンプ・デービッド首脳会議（アラファト議長・バラク首相・クリントン大統領）が決裂

	アル＝アクサー・インティファーダ（第2次インティファーダ）が始まる
2001年	9・11事件
	アフガニスタン戦争
2003年	イラク戦争
2005年	イスラエルがガザ地区から入植地を撤去
2006年	パレスチナ自治政府評議会選挙でハマースが勝利
2007年	ハマースとファタハの対立激化
	ハマースによるガザ実効支配開始
2008年	ガザ地区にイスラエル軍が地上侵攻、死者およそ1200人
2011年	民主化運動「アラブの春」（チュニジアやエジプトなどの中東諸国で長期政権崩壊）
2014年	オバマ米政権による仲介交渉が頓挫
	ガザ地区にイスラエル軍が地上侵攻、死者2000人以上
2020年	アブラハム合意（アラブ首長国連邦（UAE）など4カ国がイスラエルと関係正常化）
2022年	ネタニヤフが政権復帰（第六次ネタニヤフ内閣）
2023年	ハマースなどがイスラエルに越境攻撃

（編集部作成・参考文献　高橋和夫「パレスチナ問題の展開」、浅野和生「エルサレムの歴史と文化」、吉川弘文館「世界史年表・地図」）

ガザ紛争

装幀——水戸部功

序　一〇・七が中東地域に及ぼす影響

池内　恵

（いけうち　さとし）
東京大学先端科学技術研究センター教授
専門はイスラーム政治思想史・中東研究
著書に『アラブ政治の今を読む』（中央公論新社）、『増補新版　イスラーム世界の論じ方』（中央公論新社）『イスラーム国の衝撃』（文春新書）、『サイクス＝ピコ協定　百年の呪縛』（新潮選書）、『シーア派とスンニ派』（新潮選書）など多数。

はじめに

二〇二三年の「一〇月七日」は、中東の国際政治の新たな段階への移行のきっかけとして、歴史に残るだろう。ちょうど二〇〇一年の「九月一一日」が、冷戦終結後の米主導の中東秩序や世界秩序に大きな変転をもたらしたように。九月一一日の米同時多発テロ事件は、イスラーム主義に拠る非国家主体をグローバルな政治における主体としての地位に押し上げ、それに対する米主導の「対テロ戦争」が、続く二〇年間にわたって国際政治・外交・安全保障の最重要の課題の一つとして扱われるきっかけとなった。「一〇月七日」という日付は、「九月一一日」と同様に、国際政治の画期となる日付として言及されている。

ただし「一〇月七日」のハマースによるイスラエル領土への越境攻撃が、その後の国際政治と中東地域政治にどのような変化をもたらしたかは、現段階では未確定であり可変的である。「一〇月七日」そのものの定義と意味づけそのものが、国際政治において争われる対象となっており、概念として構築される過程である。「一〇月七日」が中東地域秩序にいかなる影響を及ぼした事件であったかは、今後のハマースの活動の展開や、ガザ地区へのイスラエル軍による攻撃や占領統治のあり方次第で、そしてそれらをめぐる国際的な反応や、国際世論の展開次第で、大きく変わりうる。ガザ紛争において、「一〇月七日」の意味づけそのものが、国際的な言説空間で戦われているともいえる。

本章では、事件から半年の段階で観測できる範囲の、「一〇月七日」が短期的に中東地域政治に及ぼした帰結と、この段階で見通すことができる中・長期的な中東地域やグローバルな国際政治へ及ぼし得る波及効果を論じておきたい。

1　「一〇月七日」前夜の中東地域とパレスチナ問題

「一〇月七日」がもたらした最も大きい影響は、国際政治におけるパレスチナ問題の回帰だろう。二〇二三年一〇月七日に至る時期において、パレスチナ問題の中東地域政治における、そして国際政治における重要性や注目度は、低下の一途を辿っていた。二〇〇一年の九月一一日をきっかけとするグローバルな「対テロ戦争」や、二〇一一年の「アラブの春」がもたらした中東諸国の体制の揺らぎや紛争の頻発により、パレスチナ問題は中東の諸問題の「数多くあるうちの一つ」とみなされる傾向が続いていた。二〇世紀の後半に国際政治の場で、あるいは中東の歴史記述において、しばしば強く主張されることもあった「パレスチナ問題こそが中東の最大の国際問題である。パレスチナ問題こそが中東の諸問題の根本原因であり、パレスチナ問題の解決なしには、中東の安定はない」という見解は、一〇月七日に至る過程で、勢いを失っていた。

パレスチナ問題が象徴的にも実際的にもアラブ世界の、そして中東全体での最大の国際紛争と受け止められていた冷戦期から、二〇二三年一〇月七日に至る三〇年ほどの期間に、パレスチナ問題が国際政治の上での重要性を失い、風化する過程で、次のような要因が関わっていると考えられる。一九九三年九月のオスロ合意に基づいた「和平プロセス」が二〇〇〇年前後には暗礁に乗り上げ、「二国家解決」の見通しが不透明・非現実的と見られるようになったこと。PLOがオスロ合意によってイスラエルを承認し、パレスチナ民族闘争の主流派がイスラエルとの非対称・従属的な関係を結び、限定的な自治を行っていたものの、その統治に対するパレスチナ人の支持は弱く、民族運動の指導勢力としての求心力を弱めたこと。ハマースをはじめとしたイスラエルとの武力闘争を継続する集団が「対テロ戦争」の枠組みで非正統的な存在とみなされ、活動がパレスチナの領域内とその周辺に限定されたこと。アラブ諸国の世論においてパレスチナ問題への関心が低下したこと、そして湾岸アラブ産油国など主要なアラブ諸国の政権が世代交代や世論の変化に伴いパレスチナ問題を顧慮する姿勢を弱めたことなど。ヨルダン川西岸とガザ地区でのパレスチナ人の対イスラエル抵抗運動自体が、世代交代の中で組織力と求心力を弱めているとみなされていた。イスラエルの軍事・警察・諜報力の圧倒的な優位性から、ヨルダン川西岸やガザ地区でのイスラエルに対する武力を用いた闘争は封じ込められ、散発的なテロを超える規模の攻撃はイスラエルに対して行い得ないと、イスラエル側とパレスチナ側やアラブ世界の側の双方で、広く信じられていたのである。

これらの諸要因から、パレスチナ問題の重要性への認識が薄れ、アラブ世界の世論においてパレスチナ問題が忘却されていく中で、サウジアラビアやUAEなどの湾岸アラブ産油国で、パレスチナ問題の解決を棚上げにしたままでの対イスラエル国交正常化を目指す動きが表面化した。湾岸アラブ産油国の対イスラエル接近は、パレスチナ問題を中東の国際問題として「終了」あるいは「消滅」させる可能性のある、最後の最大の要因として二〇二三年一〇月七日の直前に、広く認識され、議論されていた。

湾岸アラブ産油国の外交・安全保障政策において、二〇一〇年代半ばには、イスラエルとの外交・安全保障・諜報・軍事などの分野での協力を、戦略的な選択肢として用いる検討あるいはその決断がなされていたと考えられる。その背景には、二〇一〇年代を通じて米国がイラクやアフガニスタンへの介入からの撤退を進め、中東におけるプレゼンスを大幅に低下させていったことがある。

米国の「中東疲れ」による中東への関心の低下、プレゼンスの低下によって生じた権力の空白を、イランあるいはトルコが地域大国として台頭して埋める趨勢が定着し、両国がアラブ世界の国内対立や内戦、国境を越えた紛争にも介入を深める中で、それらの地域大国への従属を恐れる湾岸アラブ産油国が、イスラエルとの関係を強化することで、近隣の地域大国による介入と支配を阻止する抑止力を確保し、米国との安全保障上の関係を繋ぎ止めることを試みた。

湾岸アラブ産油国による対イスラエル接近が公式に表面化したのは、二〇二〇年八月から九月にかけて発表され、九月一五日にワシントンで調印された「アブラハム合意」である。「アブラハム合意」によってUAEとバーレーンがイスラエルと国交正常化を行った。UAEをはじめとする湾岸協力会議（GCC）を構成する湾岸アラブ産油国は、豊富な資金力を用いてアラブ諸国やイスラーム諸国に経済的な支援を行い、米・欧から最新の兵器を導入して軍備を拡張し、エジプト等の従来の地域大国を抑えて、中東の外交・安全保障を主導する立場を確保しつつある。UAEとバーレーンのイスラエルとの国交正常化は、モロッコやスーダンなど、湾岸アラブ産油国の影響下にある非産油国の対イスラエル国交正常化へ向けた動きを後押ししたが、予想される可能な最大の帰結はサウジアラビアへの波及だった。

GCCの最大の構成国で、アラブ諸国やイスラーム諸国への影響力拡大を進めるサウジアラビアが、UAEとバーレーンに続き対イスラエル国交正常化に踏み切った場合、アラブ諸国側にはイスラエルに対する交渉のカードがほぼなくなる。一九七三年の第四次中東戦争の際に湾岸アラブ産油国が発動を示唆した「石油兵器」、すなわち親イスラエル諸国への石油禁輸は、すでに長期間、再現される可能性が薄くなっていたものの、それでもなお、イスラエルとの紛争に対する湾岸アラブ産油国の対抗措置による「アラブ・ボイコット」と「オイル・ショック」の再来への懸念は、イスラエルの対外関係を制約していた。特に、世界経済の成長を先導し、多くのイスラーム諸国も抱える東南アジア諸国との国交正常化は進まず、日本のような中東湾岸産油国にエネルギー資源を依存する国は官民共に、イスラエルとの関係強化には二の足を踏む傾向があった。もしサウジアラビアが対イスラエル国交正常化に踏み切れば、アラブ諸国側にはイスラエルに妥協を求める交渉のカードはほぼなくなる。国際的な圧力がなければイスラエルにとってパレスチナ問題の解決のために国内の反対を抑えて大幅な妥協を行うことは、いずれの政権にとっても困難である。そもそも妥協の必要性が感じられなくなる。サウジアラビアがもしパレスチナ国家の樹立を条件とすることなくイスラエルとの国交正常化を行った場合、パレスチナ問題はその恒久的な解決なしに、国際問題として「終了」する可能性が高かった。

サウジアラビアがパレスチナ問題の「解決」なしにイスラエルと国交正常化を行う意志があったのかどうかは、サウジアラビアの外交・安全保障戦略の意志決定過程の公開性が著しく乏しいため、反証可能な検証を現時点で行うことは困難である。一方で、サウジアラビアは従来からの公式見解を維持し、二〇〇二年の「アラブ和平イニシアティブ」で示した条件が満たされなければイスラエルとの国交正常化は行わないという姿勢を定期的に確認していた。「アラブ和平イニシアティブ」とは、二〇〇二年二月にサウジアラビアの当時のアブドゥッラー皇太子（翌年に国王に就任、在位二〇〇五年―二〇一五年）が提唱して、同年三月のアラブ首脳会議で採択されたものである。「アラブ和平イニシアティブ」では、イスラエルが（1）全アラブ占領地からの撤退、（2）パレスチナ難民問題の公正な解決、（3）東エルサレムを首都とする主権を有するパレスチナ国家樹立、という三条件を受け入れる代わりに、アラブ諸国がイスラエルとの紛争を終結し和平合意を結び、国交正常化を行うと表明したものである。

サウジアラビアのサルマーン国王は、先代のアブドゥッラー国王が提唱し、アラブ連盟で主導権を発揮して世界に示した「アラブ和平イニシアティブ」を継承するという姿勢を繰り返し示してきた。しかし実権を次第に掌握する、サルマーン国王の子であるムハンマド・ビン・サルマーン皇太子は、イスラエルとの戦略的な関係と、それによって得られる米国からの安全保障を重視し、パレスチナ問題の「解決」を抜きにした対イスラエル国交正常化交渉を進めているという観測が、主に米国の主要・有力メディア（ウォール・ストリート・ジャーナルやニューヨーク・タイムズ等）やイスラエル筋からの情報として、繰り返し発信されてきた。それらのリーク情報に基づいた報道によれば、米国がサウジアラビアに安全保障上の多大な見返りを与える代わりにサウジアラビアはイスラエルとの国交正常化に踏み切る用意があるとされていた。それらの報道では、サウジアラビアはイスラエルとの国交正常化の条件としてパレスチナ問題の「解決（solution）」は求めず、解決に向けたなんらかの「進展（progress）」があればいいという立場であるとみなされていた。このような米国発あるいはイスラエル発のリークに基づいた報道を検証することは困難であるが、米国の有力メディアによって発信され、交渉の当事者あるいは当事者に極めて近い筋からの情報であることが仄めかされた報道の影響力は大きかった。

2　「一〇月七日」に起こったこと

ハマースによる一〇月七日の越境攻撃は、中東地域政治と国際政治に大きな波紋を呼び覚ました。しかしハマースによる攻撃そのものが、このような大きな効果をそれのみによって即座にもたらすことを想定したものであったとは考えにくい。

ハマースは戦闘機や戦車といった近代の軍事組織の基本的な装備すら配備・運用をしないまま、民生物資を転用して製造したミサイル・ロケット弾やドローン（無人機）の大量の発射によってイスラエルを定期的に脅かす能力を有していたが、イスラエル軍と国家間の戦争と同様の規模で持続的に戦闘を継続する能力を、明らかに有していない。ハマースはガザ地区の内部においてパレスチナ自治政府の治安機構を実力で排除し、パレスチナ人に対する警察権を行使する実効性を備えているものの、国際的な承認と正統性をほぼ得ておらず、国家主体が有する軍事力に比肩する実効性も持ち得ていない。地上部隊による攻撃としては、トンネルを掘るか、あるいはイスラエルの軍・治安機構の監視の隙をつき、バイクやトラックやモーターグライダーといった民生の移動手段を用いてイスラエル領内に侵入し、ゲリラ攻撃あるいはテロリズムを行ってイスラエルの市民生活を脅かす以外の手段を持っていなかった。

イスラエルとハマースの軍事的主体としての非対称性を踏まえれば、一〇月七日のハマースによる攻撃は、結果として規模と被害が拡大し、中東地域政治と国際政治に大きな影響をもたらしたものの、ハマースがそれを事前に合理的に予想し期待して実施したものとは考えにくい。ハマース側の決定・実行主体の主観や信念、あるいは希望的観測の次元では、イスラエルに対する甚大な被害を与えることを信じて行ったにせよ、越境が成功する可能性はそれほど高くなく、越境後に大規模な戦闘を組織的に展開し、多数の人質を掠取することは、確定的に予測することは困難だっただろう。ハマースが自らの越境攻撃の作戦によって期待しうる成果と目的は、限定的・電撃的な越境攻撃により、忘却されかけていた自らの存在と能力を示すことや、人質の掠取により、イスラエルによって拘束されたハマース幹部・戦闘員およびその他のパレスチナ人の釈放を要求する交渉のカードにすることなど、限定的なものであったと考えられる。

この当初の目的を超えた多数のイスラエル領内への侵入と、丸一日にわたって持続した襲撃が可能になったのは、ハマース側の能力や意図よりも、イスラエルの治安・国防体制が宗教休日により極端に手薄になっていた、イスラエル側の想定外の状況が影響したと見られる。

一〇月七日のハマースによるイスラエルへの越境攻撃が予想を超えた規模となり、前例のない被害をもたらした原因は、イスラエル側の国防・治安体制の弛緩による部分が大きい。イスラエルでは二〇二三年には九月から一〇月にかけて、三週間にわたって宗教祝日によって連休が相次ぐ時期にあった。ユダヤ新年（ローシュ・ハシャナ、九月一六―一七日）、贖罪の日（ヨーム・キップール、九月二五日）、仮庵祭（スコット、九月三〇日―一〇月六日）とそれに続くシムハット・トーラー（律法感謝祭、一〇月七―八日）といった主要な宗教休日とその前後の休日が、毎週金曜日の日没から土曜日にかけての安息日の休日ともつながり、九月半ばから一〇月八日までの約三週間の多くが連休となった。宗教祝日や安息日には、宗教上の理由から労働を制限することを、ネタニヤフ政権に連立している宗教勢力などが強く要求することもあり、公共交通機関や行政機関は宗教休日や安息日に厳格に閉鎖され、社会・経済活動が大規模に停滞することが、事前に予定されていた。この大型宗教連休シーズンが一〇月八日に終了するその前日に、ハマースはイスラエル領内への越境攻撃を行った。

たとえ休日・祝日の間であっても、イスラエルの国防・治安体制は機能するはずであった。しかし、ガザ地区を監視し、侵入を阻止し、侵入に対する即応する体制が、なんらかの理由で、実態としては機能しなかったことが、一〇月七日のハマースによる越境攻撃を防げず、大規模な被害と多数の人質掠取を可能にした、大きな要因であったことは疑いを容れない。

3　「一〇月七日」が変えたもの

ハマースによる二〇二三年一〇月七日のイスラエル領内への越境攻撃と、それに対するイスラエルのガザ地区に対する大規模な攻撃・侵攻が、中東地域政治と国際政治に大きな影響を及ぼしたことは、事件の発生から半年を過ぎた現時点において、確かである。まず、短期的な影響がいかなるものか、確認しておきたい。

「一〇月七日」の、少なくとも短期的に確定できる影響は、パレスチナ問題を再び、中東の地域政治、そして超大国が主導し関与する国際政治の中心的な課題に引き戻したことである。前述の通り、二〇二三年一〇月に至る長期間において、徐々に周縁化され、忘却されかけていたパレスチナ問題は、「一〇月七日」の事件以降、再び中東問題の中心へと、少なくとも一時的には回帰した。その点で、ハマースの越境攻撃は、おそらくはハマースの期待と予測をはるかに超える規模で、影響を及ぼしたと言える。

ハマースの越境攻撃によって、ガザ地区のパレスチナ人がなおもイスラエルに対して組織的に抵抗する能力と意志を持っていることが示されたことは、パレスチナ問題の解決なしにイスラエルとの国交を結ぶ可能性が報じられていた湾岸アラブ産油国の計算を大きく変えることになった。パレスチナ人が対イスラエルの軍事的な攻撃の意志と能力を失いつつあり、アラブ諸国の世論の支持も薄れているという認識を前提にして、湾岸アラブ産油国はイスラエルとの接近という戦略的判断を下していたものと見られる。この条件が変わったことで、湾岸アラブ産油国の対イスラエル、あるいは対米交渉は異なる計算のもとで行われることになった。

パレスチナ問題を放置しておいても中東地域の安定は維持され、湾岸アラブ産油国の安全保障への障害にはならないという前提の下で可能となる、パレスチナ問題の解決を棚上げにし、解決への僅かな「前進」さえあればイスラエルとの国交正常化に進むことが可能であるという認識は（サウジアラビアが実際にそのような認識を持ち意志決定をしていたかどうかは、依然として定かではないが）、「一〇月七日」によって根拠を揺るがされた。サウジアラビアはハマースによる越境攻撃の直後から、明確に、公的声明によって、イスラエルのネタニヤフ政権の対パレスチナ政策にこそ原因があると非難する姿勢を明確にしている。アブラハム合意でイスラエルと国交を正常化していたUAEも、イスラエルとハマースの間で中立的な姿勢を維持し、イスラエルのガザ攻撃に対しては厳しい姿勢を示し、それを国連安保理の非常任理事国としての行動にも反映させた。

ハマースが予想外の越境攻撃の能力を示し、それによってアラブ世界やイスラーム世界の関心と支持を集めたことで、パレスチナ問題は依然として存在しており、その解決を抜きにした地域の安定の維持が困難であると広く認識させた。それにより湾岸アラブ産油国をはじめとする、中東地域の主要な当事国は、自らの安全保障を確保するための政策の前提と将来見通しに、修正を迫られたといえよう。

ハマースの越境攻撃が大規模で大きな被害をもたらすものであったことは、イスラエルの反応も決定づけた。イスラエルにとって外交や安全保障上の戦略的な目標は、パレスチナ人の組織的な抵抗がハマースやイスラーム・ジハード団などのガザ地区の少数の勢力以外にはほぼ消滅し、それらの組織の主要な攻撃手段であるミサイルやロケット弾やドローンによる攻撃はアイアン・ドーム等のイスラエルの高度な技術を用いた防空システムによってほぼ全面的に撃退され、諜報・情報力によってハマースの幹部の動きや武装組織の動向がほぼ完璧に把握され対処されるといったイスラエル側の圧倒的な優位が将来にわたって揺るがないという認識が国際社会に広まり維持されることである。イスラエルの圧倒的な優位性が将来にわたって揺るがないとが多くに予想されることにより、パレスチナ国家の設立なしにパレスチナ問題が「終了」したと国際的にみなされる蓋然性が高まる。それは湾岸アラブ産油国などが対イスラエル国交正常化に踏み切る前提条件を作り出してもいた。ハマースの越境攻撃によって、イスラエルの一方的で恒久的な優位性に綻びが見えたことにより、イスラエルが外交・安全保障上に享受してきた有利な環境の一部が揺らぎかねない。イスラエルのガザ地区への大規模で苛烈な攻撃は、ハマースとそれに共感する勢力への集団的な懲罰や、傍観する者への見せしめとしての効果がありうるが、それだけでなく、ガザ地区においてハマースやそれに類する勢力が、近い将来だけでなく、遠い将来にわたって、イスラエルの領域を脅かす勢力として再び出現することを阻止するだけの、あるいは「阻止した」と国内や国際的に主張しうるだけの、大規模なものになる必要があった。イスラエル軍によるガザ地区の攻撃にまつわる「ハマースを根絶する」という、抽象的で感情的なスローガンは、長期間にわたってイスラエルに刃向かう軍事組織をガザ地区に作らせないという現実の戦略目標を表現したものと言っていい。

しかし、「ハマースを根絶する」ことを可能にする規模の軍事行動は、アラブ世界の世論だけでなく、より広い国際世論、特にG7に代表される米欧中心の諸国以外の、一部で「グローバルサウス」とひとまとめにされることもある広範な地域において、強い反発を呼び覚まし、かえってパレスチナ問題の存在を改めて印象づけ、イスラエルに対する抵抗運動の正統性や支持を増してしまう効果を持っている。それにより、イスラエルが最優先の外交課題とし、近年に実現の好機を迎えていると見られていたサウジアラビアとの国交正常化などに、少なくとも短期的には、障害となった。現状では、イスラエルがハマースによる越境攻撃の再来を阻止するためにガザ攻撃を強化すればするほど、パレスチナ問題を二国家解決なしに棚上げしたままで、サウジアラビア等の主要なアラブ諸国やイスラーム諸国との国交正常化を達成してパレスチナ問題を「終了」させるというイスラエルにとって有利な展開がもたらされることが困難になるという悪循環に、イスラエルは陥っている。

4　「一〇月七日」の後にも変わらないもの

ただし、一〇月七日の前と後で、変わっていないことは多い。なによりも、イスラエルと、アラブ諸国やその他の中東諸国の間の軍事的あるいは政治外交的な関係に大きな変化はなく、ハマースを含む非国家主体との関係も変わっていない。イスラエルは近隣の諸国や非国家主体に対して軍事的に圧倒的な優位を保っており、ハマースに対しても、奇襲攻撃を許した一〇月七日の後には、ほぼ有効な攻撃を許していない。

イスラエルの周辺国、すなわち国交を先行して正常化していたエジプトやヨルダンとパレスチナ自治政府、あるいはUAEやバーレーンなど近年に国交を正常化した国や、サウジアラビアのように国交正常化に向けての水面下での交渉を進めていた国々は、イスラエルのガザ攻撃を非難・批判するものの、イスラエルの「敵」の陣営に転じたわけではない。軍事的にイスラエルに対抗する、あるいは政治的にイスラエルや米国と敵対する陣営に転じる姿勢は示していない。湾岸アラブ産油国にとっては、イランなど地域の大国への従属を避けるために、また米国との安全保障上の関係を維持するために、イスラエルとの接近が戦略的選択肢の一つであり続けることもまた確かである。

「抵抗の枢軸」を標榜し反イスラエルと反米を掲げて、周辺諸国に影響力を及ぼす非国家主体を育ててきたイランにしても、イスラエル非難の発言は行うものの、ハマースに呼応し連動してイスラエルとの直接的で全面的な軍事衝突に至ることを慎重に避けようとする、従来からの姿勢を変えていない。二〇二四年四月一日のシリア・ダマスカスのイラン大使館施設への攻撃という、イスラエルからの挑発に対しても、四月一三・一四日に行われたイランの反撃は、エスカレーションを抑制した、かなり限定されたものとなった。

イランの影響下にあるレバノンのヒズブッラーも、ハマースの越境攻撃を称賛し、ガザ市民への連帯や同情の意を示すものしようとする姿勢が一貫している。イスラエル側の主観や思惑としては、ガザで大規模な戦闘を行っている間に、北部国境でレバノンのヒズブッラーの脅威が増大したと認識し、先手を打ってイスラエル側に有利な条件でヒズブッラーに対する大規模な戦闘に踏み切る選択はありうる。しかしヒズブッラー側には限定的な報復の応酬の範囲内で消耗線を戦う意志は見られるものの、積極的に全面対決に持ち込もうとする様子はない。その中で、イスラエルに隣接しておらず対イスラエルの直接的な戦闘の歴史がほとんどないイエメンのフーシー派が、イスラエルとの関係を有する船舶を攻撃するという名目を掲げ、バーブル・マンデブ海峡の通航を困難にする攻撃を散発的に行っており、間接的にイスラエルに対する圧力を増している。

イスラエルと周辺諸国の多くとの間の軍事的・外交的な関係がそれほど大きく変わっていない以上は、ガザでの戦闘が終結すれば、一〇月七日の前の状況に、ある程度は復帰することが考えられる。

5　「一〇月七日」の中・長期的影響

中・長期的に、「一〇月七日」はどのような影響を中東地域に残すのだろうか。ガザ紛争の「終わり方」、あるいは中東地域の主要国を中心とした国際社会の主体の関与によるガザ紛争の「終わらせ方」によって、長期的な帰結とそこへの経路は変わってくるだろう。

もしイスラエル軍が短期間にハマースを、掲げた目標の通り、二度と組織的な対イスラエル攻撃を行うことがありえないほどの打撃を与えて壊滅させる、すなわち文字通り「根絶」することに成功した場合、パレスチナ問題の回帰という「一〇月七日」が初期にもたらした影響は、一時的なものにとどまることになるかもしれない。

ただし、ハマースの「根絶」を宣言できるほどの打撃を加えるためには、一般市民の大規模な殺害や大量難民の発生といった人道的危機を伴う、ガザの政治・経済インフラを恒久的に破壊するような規模の攻撃を行うことになりかねない。その場合には、パレスチナ問題が「終了」したと国際社会にみなされるどころか、より拡大し深刻さを増したものとして認識されることになる。そしてむしろ攻撃を加える側の「イスラエル問題」として、国際社会の焦点が当たることになる。イスラエルは圧倒的な軍事力の優位によってパレスチナ問題を一方的に自国に有利に終結させることで、結果として国際政治における「パレスチナ問題」を「イスラエル問題」に転化させ、かえって問題を自らに不利な形で大きくしてしまう可能性がある。それは、イスラエルの国家としての長期的な存続にとって、「パレスチナ問題」以上に深刻な脅威とすらいえるだろう。

また、イスラエルがハマースの軍事力だけでなく、その政治的な組織や社会的な基盤に至るまで根こそぎ大規模に破壊した場合、そこで犠牲になるガザ市民や、破壊と殺害を目撃するパレスチナ人に、あるいは広くアラブ世界やイスラーム世界を中心により広範な国際社会の人々に、イスラエルに対する嫌悪感や敵意や憎悪を募らせることが確実である。イスラエルのガザ攻撃が、宗教的・政治的な過激化を中東やより広く国際社会にもたらす危険性は高く、それが生じるか否かではなく、どこで、どのような形で生じるかが問題である。ハマースを一時的に「根絶」したとしても、それによって、近い将来により大きな形で「パレスチナ問題」も戻ってくることは確実である。

　パレスチナ問題の拡大・過激化を伴う回帰や、国際社会における「イスラエル問題」への転化は、イランを中心とした「抵抗の枢軸」勢力を勢いづけることが予想される。これに対して、イラン側に同調する国内勢力への警戒からも、湾岸アラブ産油国は一方で米国とイスラエルとの関係を維持し利用しつつ、他方で対イランでは、対峙と敵対だけでなく、宥和や接近を併用する、均衡政策を採用せざるを得なくなる。

　これらの不利な展開に対して、イスラエルは一方ではイランの影響下にあるヒズブッラーとの大規模な戦闘を定期的に行って北部国境の脅威を除去・制圧しつつ、ヒズブッラーだけでなくイエメンのフーシー派や、イラクの反米諸勢力などとの軍事的な衝突の頻度と烈度を高めていく可能性がある。その過程で、イランとの正面からの戦闘に踏み切る危険も増すだろう。イスラエルとイランの直接対決は、より強固な米国の支援をもたらすと考えられることから、イスラエル側から積極的に対立を激化させる、エスカレーションを進めるインセンティブが存在する。

　しかしイスラエルとイランの直接対決は、中東地域の不安定化を劇的に高めるため、世界経済への影響も大きい。何よりも、もしイスラエルとイランの全面戦争に巻き込まれることになれば、米国の軍事的負担や犠牲は大きく、国民の支持を長期間得られるとは限らない。そのため、全面衝突が本当に差し迫ったと認識されたときに、実際に米国の全面的な支持と関与を得られるかどうかは未知数である。イスラエルが中東での多正面の戦争を長期間にわたって続けることは、国際関係からも、そして内政・経済構造からも、困難を伴う。

　結局のところ焦点となるのは米・イスラエル関係である。イスラエルの対米関係は、「米国の超党派の支持（bipartisan support）」を堅持することが長く国是のようになっていたが、近年はこれに変化が見られる。米国の強固なイスラエル支持・支援に伴って行われる米国の指示・命令は、近年のイスラエルでは主権の侵害ととらえられがちである。ユダヤ系米国人からの支援は求めるもののイスラエル内政への介入は拒否する、「イスラエルの米国ユダヤ人からの独立宣言」とすら形容できるようなナショナリズムが、世論のレベルでは広がりつつある。ネタニヤフ政権に対する米バイデン政権の圧力は、むしろイスラエルの米国の介入への反感を抱く世論を高揚させ、ネタニヤフ政権を下支えしかねない。

　二〇二四年を通じて、ガザ紛争が、米国の大統領選挙の年に進行しているという点がより大きな意味を持っていくだろう。ネタニヤフ政権は、バイデン政権の再選選挙での敗北とトランプ大統領の復帰を見越して、あるいは米国の政権交代を待望すらして、ガザでの戦闘の継続が民主党の支持層をバイデン大統領から離反させて再戦に不利になることを織り込んで、バイデン政権の停戦要求を跳ねつけ続けるかもしれない。

米国と最も密接な関係を有する国の政権が、露骨に現職の米大統領の要求への不服従を誇示し、いわば「落選運動」を繰り広げるのに対して、米政権がそれを「罰する」措置を取らなければ、米国の国際的な威信や信頼性を低下させる。しかしネタニヤフ首相と米民主党政権の間ではこのような状況は初めてではない。バイデン大統領が副大統領だったオバマ政権の二〇一二年の再選選挙の際にも、露骨な「落選運動」がネタニヤフ首相によって行われた。オバマ大統領が再選されたものの、ネタニヤフ首相がさほどの苦境に立たされることはなかった。そのような前例からは、ネタニヤフ首相のバイデン政権に対する反抗的な姿勢は、米国の選挙投票日まで続きかねない。しかしもし、バイデン政権が、ガザ紛争に対する政策が原因で再選を阻まれると確信するに至った場合は、イスラエルに対する懲罰的な政策に転じる可能性がある。その場合、米イスラエル関係は歴史上に稀な悪化の時期を迎える。

トランプ大統領が再選された場合も、それがイスラエル側の期待通りに、全面的に好意的な政策をもたらすとは限らない。「バイデンとは違う」ことを見せるために、大きく政策を転じて、それが必ずしもネタニヤフ政権の意に沿うものとならないこともありうる。

イスラエルが関係を構築してきた中東の隣国との関係は、ガザ紛争によって強い逆風を受ける。イスラエルと和平条約を結び、少なくとも政権のレベルでは水面下での密接な安全保障上の協力関係にあるエジプトとヨルダンは、イスラエルによる大規模なガザ攻撃の持続が、大量の難民の流出による新たな拡大したパレスチナ問題の発生といった事態に至ってもなお維持されるものなのかは、予断を許さない。触発されたユダヤ人入植者によるヨルダン川西岸での暴力の拡大と、それを支援するイスラエル治安当局という構図が定着すれば、ヨルダンの水面下での対イスラエル協力は、現在の水準では維持されなくなる。

イスラエルとの関係強化に安全保障上の利益を見出し、戦略的なパートナーシップを模索してきた湾岸アラブ産油国の姿勢は、ガザ紛争が長期化し大規模な難民問題やイランなどを巻き込む地域規模の紛争に拡大した場合、変化を迫られる。性質を転じていくことになる。湾岸アラブ産油国の対イスラエル接近は、イランに対する「防衛」を目的としたものであり、イスラエルによる対イラン「攻撃」までを積極的に支持し参加するものとは考えにくい。むしろ対イラン全面戦争の際には真っ先にイランからの攻撃に晒される湾岸アラブ産油国は、そのような事態を回避する方向で外交を展開すると考えられる。それは一方では米国を通じたイスラエルへの自重の説得であるが、他方では対イラン接近・宥和も選択肢であり、双方を併用した均衡政策が基調となるだろう。その場合、湾岸アラブ産油国を自陣営に加えてパレスチナ問題を終結させるというイスラエルにとっての理想シナリオは遠のく。

イスラエルはパレスチナやアラブ世界全体に対する圧倒的な軍事力と外交力、技術力や情報力の差によって、戦場でハマースを「根絶」するに等しい勝利を収めることができるが、それによって巨大な人道問題を引き起こし、ガザを無人の地とするまで歯止めなく攻撃を続けかねない。その場合、近隣諸国のみならず、広く国際社会にイスラエルの行為を「ジェノサイド」と捉える陣営が成立するだろう。G７特に米国を中心とした狭い範囲での親イスラエル陣営の支持によって、短期的にイスラエルは批判を退けることができるが、長期的な国家の持続を危うくしかねない。これはイスラエルの圧倒的な優位性がもたらす逆説である。

この逆説にイスラエル国民の多くがどれだけ自覚的であるのだろうか。自らの強さによって陥る罠を避けるための政策転換や、政権の再編を、イスラエル内政上どのようにして可能かは、イスラエルの多くの市民にとっても不明であるのが現実だろう。しかしイスラエルが「イスラエル問題」の発生を避けるには、やがてはパレスチナ問題を交渉によって解決しようとする段階に移らざるを得ない。その時の交渉相手はパレスチナ人だけではなく、米国だけでもなく、サウジアラビア、UAE、エジプト、ヨルダン、あるいはトルコといった地域大国を不可避に含むことになる。それらは基本的に米陣営に属する国々であり、イスラエルとは多方面で戦略的に一致している。それらの潜在的なパートナー国との関係を、イスラエルは一〇月七日以来損ない続けているが、ガザでの戦闘の終結が早期になされた場合、関係の修復と新たな地域秩序の形成を、それらの米陣営の諸国と共に行う可能性は、なおも残されている。

（編者聞き取りをもとに、執筆者加筆［二〇二四年五月八日脱稿］）

I　イスラエル・パレスチナ情勢

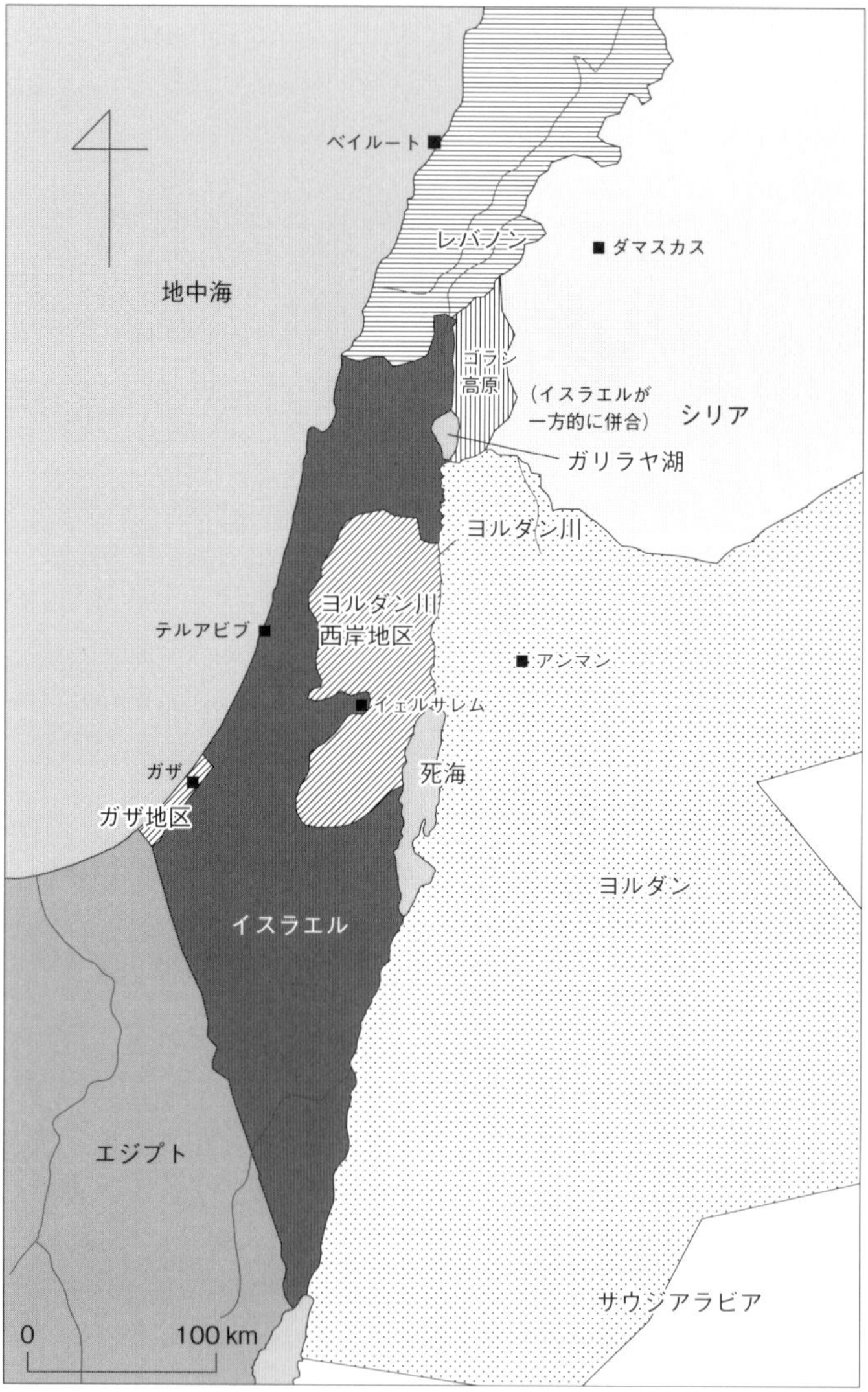

イスラエル・パレスチナ周辺図（編集部作成・参考文献・高橋和夫「パレスチナ問題の展開」，吉川弘文館「世界史年表・地図」）

1　緊迫するガザ情勢と今後の見通し[1]

鈴木啓之

（すずき　ひろゆき）
東京大学大学院総合文化研究科スルタン・カブース・グローバル中東研究寄付講座特任准教授
専門は地域研究（中東地域）、中東近現代史
著書に『蜂起〈インティファーダ〉――占領下のパレスチナ1967―1993』（東京大学出版会）などがある。

二〇二三年一〇月から、ガザ情勢が国際社会の関心事としてにわかに浮上した。発端は、一〇月七日のハマースなどによる越境攻撃である。三〇〇〇人と推定されるパレスチナ人の武装戦闘員がガザ地区からイスラエル南部に流入し、キブツや駐屯地を襲った。クファル・アザやベエリといった住宅地では、戦闘によって外国人を含めて多くの市民が死傷した。イスラエルでの死者はおよそ一二〇〇人に達したが、うち兵士や警察官は三一二人であり、残りの八二〇人近くは民間人だった。こうした犠牲者のなかには、南部の農村部で出稼ぎをしていたタイ人や、多くはイスラエルとの二重国籍者と考えられるウクライナ人も二〇人から三〇人の規模で含まれている。また、二四〇人とも言われる人々が、ガザ地区に人質として連れ去られた。この人質にも二重国籍者やタイ人労働者が多数含まれていた結果、犠牲者と人質の国籍は、欧米と東南アジア地域を中心に二〇カ国を下回らない。アメリカやヨーロッパ諸国から素早い反応があったのは、民主主義的価値観やイスラエルの自衛権への支持だけではなく、自国民が犠牲になっていることを重く受け止めた結果でもあった。

一〇月七日の攻撃によって、イスラエル社会は、過去に例を見ない大きな衝撃を受けた。イスラエルのベンヤミン・ネタニヤフ首相が、「ホロコースト以来の出来事」と繰り返し述べたのは、決して政治的パフォーマンスだけに留まらない。実際に、イスラエル軍と警察は、ほぼ半世紀ぶりに「領内」での戦闘にしばらく注力せざるを得なかった。ただ、一九七三年の第四次中東戦争の主戦場が、シナイ半島とゴラン高原（いずれも当時はイスラエルが占領下に置いていた）であったことを踏まえれば、先例はより歴史を遡って求めなければならない。ガザ周辺の地域がこれほど明確に戦場になったのは、一九四八年の第

一次中東戦争以来である可能性すらある。

イスラエルはガザ地区を二〇〇〇年代のなかばから封鎖状態に置いてきた。この封鎖下の一五年近くにわたって、パレスチナの戦闘員が直接イスラエルに流入することは、ごく少数の例外を除いてほとんど起きなかった。数百メートルの緩衝地帯と機械化された監視システム、そして何よりも周囲に展開する重武装したイスラエル軍の部隊が、戦闘員に限らずガザ地区の住民の越境を阻んできた。ガザ地区を拠点にするハマースやイスラーム聖戦は、直接的な越境ではなく、迫撃砲やロケット弾といった飛翔物の発射によって、イスラエルに軍事的な挑発を続けた。徐々に飛距離を伸ばしたロケット弾は、二〇一四年頃にはテル・アヴィヴやハイファを含めたイスラエルの主要都市のほとんどを射程に納めるようになった。一方のイスラエルは、迎撃システム「アイアンドーム」をガザ周辺に配備し、飛翔物に対処してきた。いわばイスラエルによる封じ込め体制が確立されていたのがガザ地区であり、三〇〇〇人規模の武装戦闘員による大量越境は、イスラエル政府も社会もほとんど想定していなかったことだろう。当初は四〇人ほどと報じられていたイスラエルでの犠牲者の数は、日を追うごとに遺体の確認が進み、報道のうえでは毎日死者数が増加するような感覚をイスラエル社会にもたらした。

世論の沸騰も手伝い、イスラエルは一〇月七日からガザ地区に対する激しい空爆を開始し、一〇月九日には水や電気、燃料などの搬入を認めない「完全封鎖」を宣言した。その上で、一〇月二八日頃から地上部隊がガザ地区に投入され、戦闘が続いた。イスラエル軍の激しい攻撃は、ガザ地区に壊滅的な破壊をもたらした。住民の犠牲者は、二〇二四年三月二四日時点で三万人を超えている。ガザ地区の人口は二二〇万人と推計されることから、住民の一〇〇人に一人以上が命を落としたことになる。また、負傷者は七万人を下回らず、住民の九割近くが避難を強いられた。

一一月二四日から一一月三〇日にかけては、ハマースなどが人質を解放することを条件に、休戦が実施された。外国人のほか、イスラエル人の人質五〇人を四日間で段階的に解放することと引き換えに、イスラエルは休戦を実施し、拘束しているパレスチナ人一五〇人を解放するとの取引であった。この休戦は同じ条件のもとでまず二日延長され、追加で一日の延長が合意された。しかし、一二月一日にはハマース側が提供した解放予定者のリストに不備があることが理由となって、戦闘が再開されるに至っている（表1）。

さまざまな指標が、事態が過去最悪の状態にあることを示している。イスラエルの人権団体「ベツェレム」は、過去にもっとも激しい衝突がイスラエルとパレスチナのあいだで起きた二〇〇〇年代の死者数を公表している（B'tselem）。二〇〇〇年九月のアル＝アクサー・インティファーダ発生から、ハマースなどによるイスラエル人を標的とした自爆攻撃が頻発し、イスラエル軍による西岸地区やガザ地区に対する複数回の軍事作戦が展開された頃のデータである。二〇〇〇年九月から二〇一〇年

表1 2023年10月以降の推移

10/7	▸早朝6:30にガザ地区から3,000発のロケット弾発射、エレズ検問所を含む7カ所から3,000人の武装戦闘員がイスラエル南部に越境 ▸作戦名「アル＝アクサーの大洪水」がハマースから発表される ▸イスラエル、予備役招集
10/8	▸スデロットなどでイスラエル軍がパレスチナ人武装戦闘員と交戦、ガザ地区に大規模空爆（426カ所を空爆） ▸バイデン米大統領、東地中海に空母打撃群の派遣を発表 ▸ゴラン高原ドヴ山のイスラエル軍施設にヒズブッラーが迫撃砲攻撃
10/9	▸イスラエル、ガザ地区への燃料などの搬入を認めない完全封鎖を発表
10/11	▸イスラエルで戦時内閣が発足
10/12	▸ガザ北部の住民に対してイスラエル軍が退避せよと通告
10/17	▸ハマース、女性の人質1人の映像を公開 ▸ガザ地区のアハリー病院で深夜に爆発
10/18	▸バイデン米大統領、イスラエルを訪問し連帯を表明
10/19	▸イエメンから巡航ミサイルとドローンがイスラエルに向けて発射、米国艦船が迎撃
10/20	▸米国籍母子の人質2人が解放
10/23	▸イスラエル人女性の人質2人が解放
10/25	▸ガザでの停戦をめぐり、安保理でロシア案と米国案の双方が否決
10/27	▸国連総会で人道目的の休戦を求める決議が採択（A/ES-10/L.25）
10/28	▸イスラエル軍の地上部隊がガザ地区内で本格的に展開を開始
11/3	▸上川陽子外務大臣、イスラエルを訪問
11/5	▸ネタニヤフ首相、戦闘停止は全人質の解放までないと明言
11/11	▸サウジアラビアでアラブ連盟とイスラーム協力機構の合同サミット開催、ガザ封鎖解除を求める
11/15	▸ガザ地区の基幹病院であるシファー病院にイスラエル軍部隊が立ち入り
11/24〜11/27	▸人質50人（他に外国人）の解放と引き換えに、4日間の休戦と150人のパレスチナ人収監者の解放で合意
11/28〜11/30	▸人質10人の解放と引き換えに、休戦が1日ずつ延長
12/1	▸戦闘再開、イスラエル軍がガザ南部での軍事行動を開始
12/6	▸グテーレス国連事務総長、国連憲章99条に則り、安保理に対して行動を促す書簡を発出
12/9	▸イスラエル軍が下着姿のパレスチナ人を多数拘束する画像が公表 ▸イエメンのホースィー派、イスラエル行きの船舶を標的にすることを宣言
12/12	▸国連総会で「人道的な即時停戦」を求める決議が採択（A/ES-10/L.27）
12/22	▸ガザでの犠牲者、2万人を超える
12/29	▸南アフリカがイスラエルを国際司法裁判所（ICJ）に提訴
2024年1/26	▸ICJからイスラエルに対して暫定措置命令 ▸UNRWAへの資金拠出停止を米国が発表
3/2	▸米軍がガザで初めて食料を空中から投下

（出所） 筆者作成

九月までの一〇年で、イスラエル側で一〇八三人、パレスチナ側で六三七一人が命を落としたという。その一〇年間の死者数を、今回は二〇日ばかりで超えている。

飲料水や生活用水の不足による保健衛生上の懸念は、はやくも一〇月一五日頃から国際NGOや国連機関から相次いで発信されるようになった。世界保健機構（WHO）は、一二月二六日の段階でガザ地区には完全に操業している病院はなく、二一の病院が操業停止、二つの病院が非常に限定的に機能、一三の病院が部分的に機能するに過ぎない状態になっていると報告している（WHO）。また、一二月二一日の報告書によると、ガザ地区住民の九三パーセントが危機的な飢餓状態にあり、下痢の症状が一〇万件以上、呼吸器疾患も一五万件以上が確認されている。二〇二四年三月一二日の報告書に依拠すれば、下痢症状の確認は累積でおよそ三〇万件、呼吸器疾患に至っては五二万件となった。

電力不足も深刻である。ヨルダン川西岸地区（以下、西岸地区）の一部とガザ地区で構成されるパレスチナ暫定自治区では、電力の大半をイスラエルの電力会社から購入することで確保してきた。自治区唯一の発電所はガザ地区にあり、二〇一四年のガザ侵攻で大きな損害を受けながらもかろうじて稼働してきた。しかし、イスラエルからの電力供給と燃料の搬入が停止されたことで、ガザ地区では自家発電を除けば電気を得ることができなくなった。病院の電源が失われ、ガザ地区の医療体制は完全に崩壊状態に追いやられた。

1　ガザ地区で何が起きていたのか

イスラエルは、二〇〇五年の入植地撤去から、ガザ地区との経済的、社会的関係を絶ってきた。これは、西岸地区を含めた占領地政策の変遷に起因する結果である。

イスラエルによる対パレスチナ政策を示すときに、それぞれの時代に特徴的な名称がある。一九六七年の第三次中東戦争から数年間、イスラエルではモシェ・ダヤン国防相による強い提言もあって、占領地パレスチナ人の移動を許可していた。この時代の政策を「橋開放政策」と呼ぶ。占領地とイスラエル、さらには周辺国との往来が現在に比べて比較的簡単で、イスラエル国内で出稼ぎ労働を行うパレスチナ人も多かった。一方で、一九八〇年代に入ると、イスラエルは占領地のパレスチナ人による組織活動に対して、取り締まりを強化していった。この頃の政策は、当時の国防相イツハク・ラビンの発言から「鉄拳政策」と呼ばれている。

一九九三年のオスロ合意を経て、イスラエルは占領地の一部を手放し、パレスチナ人の自治区とすることに合意した。しかし、その後イスラエルはパレスチナ社会を自国から経済的、社会的に切り離す政策をつぎつぎと打ち出した。この政策を、「分離」（ハフラダ）と呼ぶことがある。提唱者がいるわけではないようだが、ローマ文字綴りで“hafrada”と検索すると、ヘブライ語の一般名詞「分離」の意味ではなく、イスラエルの対パレスチナ政策を示すものとして表示される。たしかに、現

表2　ガザ地区での戦闘

	2008年(09年)	2012年	2014年	2021年	2023年5月	2023年10月〜
パレスチナ人の死者	1,391人	167人	2,185人	233人	34人	3万人
家屋の破壊	6,400	−	1万2,000	−	−	15〜18万
イスラエル人の死者(うち兵士)	8(5)人	6(2)人	68(63)人	7(1)人	2人	1,450(550)人
戦闘期間	23日	8日	50日	12日	5日	−

(出所)　筆者作成(2024年3月25日時点)

状をよくあらわす言葉だろう。

二〇〇二年から、イスラエルは西岸地区の一部地域に深く入り込む形で「分離壁」の建設を始めた。イスラエル社会とパレスチナ社会のあいだには、比喩的な意味ではなく、物理的な意味で「壁」が立ちはだかっている。さらに、二〇〇五年になると、イスラエル政府は軍を動員して、ガザ地区内部にあったイスラエルの入植地を撤去した。この時に、ハマースの一部メンバーからは、抵抗運動による勝利であるとの声もあがったが、それは現在の状況に照らせば早計な発言であったと言えるだろう。イスラエル市民が存在しなくなったガザ地区では、ごく少数の外国人――国連職員やジャーナリストなど――を除いて、イスラエル軍に攻撃を躊躇わせるものが存在しなくなったからだ。今回のものを含めて過去五回の攻撃が、この一五年ほどに集中しているのは、決して偶然ではない(表2)。

こうして幾度も戦争が続いてきたことを踏まえれば、ガザの人道状況を二〇二三年一〇月七日以降にだけ着目して論じるのは適切でないだろう。実際に、ガザ地区の人道状況は、この一五年にわたって危機的な状態が続いてきた。主な要因は二〇〇六年頃から始まった、イスラエルによる封鎖である。入植者が存在しないガザ地区は、地域全体を包囲することが容易な場所になっていた。特に二〇〇六年一月のパレスチナ暫定自治政府(PA)の議会選挙(ヨルダン川西岸地区とガザ地区で実施)で、それまで政権の中枢にあったファタハを破ってハマースが第一党に躍り出ると、イスラエルはハマースが参加するPAを拒絶し、アメリカやEUもこれに続いた。最終的にPAのマフムード・アッバース大統領が、ハマースに属するイスマーイール・ハニーヤ首相を解任したことで、ファタハとハマースは衝突に至った。これが二〇〇七年六月のことであり、以降はガザ地区をハマースが実効支配する状態になった。ハマースの実効支配は、イスラエルがガザ地区封鎖を強化する理由とされた。

封鎖に抗議する動きは、ガザ地区で幾度も試みられた。特に有名なものは、二〇〇八年の境界フェンスの破壊と二〇一八年の「帰還の大行進」だろう。二〇〇八年一月に、エジプトと境界線を接するラファ近くで、爆発物と重機でフェンスが倒された。この結果、七〇万人とも言われる人々がエジプトへと流入した。ガザ地区の経済状況が封鎖の強化によって悪化したことが要因である。しかし、当時のフスニー・ムバラーク政権は、国内に「違法越境」したパレスチナ人を摘発するとともに、ガザ地区との境界線をさらに強固なものにした。これによって、ガザ地区の封鎖はより厳しいものになり、住民の生活は圧迫されていった。また、二〇一八年の「帰還の大行進」では、イスラエルとの境界線に数百人から数千人が集結し、封鎖の解除を訴えた。境界に展開したイスラエル軍の部隊は、催涙ガスや音声による威嚇だけではなく、殺傷力を高めた銃弾を使って、デモ参加者の腕や足を狙撃した。命を落とす参加者も多く、結果的に二〇〇人近い死者と三万人とも言われる負傷者が出た。

ガザ地区の破壊的な経済状況を表す数字がある。国連機関やパレスチナ暫定自治政府の中央統計局が出しているデータに依拠すると、ガザ地区の失業率は二〇二二年に四七％であり、若者世代では六四％に達する。また貧困ライン以下で生活する住民の割合は六五％であり、住民の八〇％は何らかの人道的支援に頼って生活している。もちろんガザ地区にも富裕層はいるが（それは映画『ガザ：素顔の日常』で描かれた通りである）、圧倒的な数の住民は、難民を中心とした困窮家庭が占める。経済社会学者のサラ・ロイは、このガザ地区の経済状況を指して「de-development」と呼んだ。開発が人工的に否定されてきたのがガザ地区だと言う。ガザ地区を取り囲み、コンクリート壁とフェンス、一〇〇〜二〇〇メートルほどの無人地帯を設けて封鎖を続けるイスラエルと、シナイ半島とガザ地区の往来を厳しく制限しているエジプトが、ガザ地区の困窮を生み出している。

2　「なぜ一〇月七日なのか」

この一〇月の出来事で、繰り返し問われてきた疑問がある。武装戦闘員の越境攻撃は、なぜ一〇月七日というタイミングで行われたのか。明確な答えは、まだ導かれていない。ただ、一〇月一二日にハマース軍事部門イッズッディーン・カッサーム旅団の報道官が発表したビデオ声明が示唆するのは、タイミングについて問うことは生産的ではないということだろう。外部の観察者としては、第四次中東戦争勃発の翌日、しかも今年が開戦五〇年の節目であることが、何らかの象徴的意味を持つのではないかと考えがちである。ところが、ビデオ声明では第四次中東戦争への言及はなく、タイミングについては気象や地理的条件を考慮した結果であると手短に語られるのみだった。より重要な点は、この計画が二〇二二年始めから立案されていたことが明らかにされ、さらにイスラエルによる占領の継続やパレスチナ人収監者の存在、エルサレムや聖域アル＝アクサー・モスクが脅かされているといった、中長期的な動機が語られていることである。先ほど見たガザ地区の長年にわたる——しかもコロナ禍を経た——経済的困窮は、今回の出来事の背景として、やはり押さえておく必要があるだろう。

一方で、中東情勢全般での変化が影響していたとの指摘も多い。特にブリンケン米国務長官は、一〇月八日という早い段階で、「サウジアラビアとイスラエルを結びつける取り組みを妨害することが、今回の攻撃を動機づけた一つであったとしても不思議ではない」とCNNのインタビューに回答している。一〇月二〇日にはバイデン米大統領が、より直裁的に「イスラエルとサウジアラビアの関係正常化を妨害することが狙いだった」と発言した。実際、サウジアラビアはガザ地区へのイスラエルによる攻撃が継続され、アラブ世論がイスラエル非難に結集していくなか、イスラエルとの関係正常化に向けた動きを凍結したと報じられている。ただ、事態の結果と動機を結びつけるためには、より慎重な分析が必要だろう。ハマースはイスラエルでの「過激シオニスト右派」による政権参加――宗教シオニスト系政党のネタニヤフ政権への参加を指すものだろう――には言及しているものの、サウジアラビアの動きについては少なくとも明示的な言及を行っていない。今回の事態の背景を理解するためには、ガザ地区がこの一五年ちかくにわたって置かれてきた封鎖、さらにはイスラエルとパレスチナ社会の長期にわたる歪な関係を念頭に置く必要がある。

3　事態の波及

ガザ地区でのイスラエル軍による軍事行動が続くことで、他の地域にも動揺が広がっている。特に情勢が明らかに悪化しているのが、西岸地区とイスラエル北部地域である。西岸地区では、死者数が過去に例のない規模で増えている。二〇二三年八月の段階でパレスチナ人の死者数が「過去一五年で最悪」と言われた二〇二二年を超える状態にあった。二〇二二年の西岸地区でのパレスチナ人死者は一五四人である。ところが、一〇月七日から一二月二九日までの時点で、西岸地区では新たに三〇七人が死亡する事態に陥った。二〇二三年の西岸地区での死者数は、一二月末段階の累計で四五〇人を超えている。西岸地区北部の街ジェニーンでは、一〇月二二日にイスラエル軍によって戦闘機での爆撃さえ実施された。これは、アル＝アクサー・インティファーダ以来のことである。西岸地区ではガザ攻撃に反対し、ガザ地区のパレスチナ人に連帯する抗議活動が活発化している。また、西岸地区内部に居住するイスラエル人入植者グループの一部が、パレスチナ人の所有する車両に放火を行うなど、イスラエル国家が管理し得ない暴力がパレスチナ人に向けられる事態も報じられた。

イスラエル軍が西岸地区で大胆な軍事行動に出ている背景には、PAの治安維持が十分に機能していないという事情がある。特に西岸北部地域で「ライオンの巣」など新たな武装集団の活動が見られ、PAは対応に苦慮してきた。イスラエルの軍事検問所を襲撃するなど、新興武装集団が知名度を獲得していくにつれて、抑え込みがますます難しくなっている。イスラエル軍としては、このPAにかわって西岸地区での実力行使を行っている形だが、一方でPA弱体化はネタニヤフ政権が続けてきた政策の結果でもある。PAの収入は大部分を税収に頼っているが、全収入の六〇パーセント近くを占めるのが輸出入に関連する関税である。ところがPAは国境管理を行っていないため、関税はイスラエルが代理として徴収したうえで、PAに移管する取り決めになっている[2]。このシステムを利用して、ネタニヤフ政権はPAに対する関税収入の移管を意図的に遅らせ、政治的圧力を加えてきた。この結果、PAでは公務員給与の遅配や減額が恒常的に引き起こされ、行政機能全般に問題が生じている。

西岸地区では、さらに入植者による暴力行為が頻発している。特にガザ地区での戦争が開始されて以降、アメリカ政府が懸念を表明する事態に至っている点は、留意すべきことだろう。特にアメリカ製のアサルトライフル（連射や狙撃が可能な殺傷能力の高い銃）に関して、入植者が入手することがないように再三にわたってアメリカはイスラエル政府に確認を求めた。一一月六日にはイスラエル政府が輸入アサルトライフルについては警察などに配備されると強調する必要に迫られたが、入植者による暴力行為が継続していることに鑑みて、アメリカは一二月一四日に二万七〇〇〇丁の輸出を見合わせた。また、一一月一八日の段階でバイデン大統領は『ワシントン・ポスト』のインタビューで、パレスチナ人を襲撃する過激入植者に対してアメリカ入国ビザの発給を停止する意向であると発言した。このビザ発給停止の措置は、実際に一二月五日から実施され、イギリスも一二月一四日に同様の措置を発表した。

一方、イスラエル北部地域では、レバノンを拠点とする武装組織ヒズブッラーによるイスラエル軍施設などを狙った挑発行為が相次いでいる。一〇月八日には、イスラエル併合下のゴラン高原のイスラエル軍施設に対して数発の迫撃砲が発射されイスラエル軍が応戦した。その後、連日のように迫撃砲またはロケット弾の発射と、イスラエル軍による応戦が繰り返されている。一一月三日には、ヒズブッラーのハサン・ナスルッラー書記長による演説が発表され、ガザ地区での軍事行動が拡大すればヒズブッラーによる本格参戦があり得るとの警告が発せられた。ヒズブッラーとイスラエルの交戦は、その後も限定的な形で継続しているが、それでも多くの死者をもたらしている。イスラエルではヒズブッラーの攻撃によって二〇二四年三月末までに少なくとも市民六人を含む一七人が殺害され、一方のレバノンでも三〇〇人がイスラエルの攻撃で命を落とした。

さらに、イエメンを拠点にするホースィー派によるイスラエルに対する挑発行為が続いた。一〇月一九日には数発の巡航ミサイルとドローンがイスラエルに向けて発射されたが、紅海に展開していたアメリカの艦船が迎撃に成功している。一一月二〇日には日本郵船が運行する貨物船がイスラエル関連船籍とみなされてホースィー派に拿捕される事件も起きた。さらに、ガザ地区での人質解放を条件とした休戦が破棄され、イスラエル軍がガザ地区南部での軍事行動を始めるなか、ホースィー派はイスラエルを行き先とするあらゆる船舶の航行を紅海で阻止すると発表した。タンカーや貨物船にミサイルやドローンが接近する事例が続くなか、紅海ルートの利用を取りやめる船舶会社が欧米を中心に複数あらわれる事態に陥った。事態を重く見た英米軍は、二〇二四年一月から複数回にわたってホースィー派の拠点を軍事攻撃したが、三月二日にはホースィー派の攻撃を受けた貨物船が初めて沈没した。三月一四日にはホースィー派の指導者であるアブドゥルマリク・ホースィーが、インド洋から喜望峰へと向かう船舶についても、イスラエルと関連するものは攻撃対象になるとの声明を発表している。

ガザ情勢の緊迫が地域全体に波及することを警戒し、アメリカは一〇月八日の段階で空母打撃群を東地中海に派遣することを発表した。さらに一〇月一五日には二つ目の空母打撃群の派遣も実施されている。しかし、アメリカによる関与の姿勢が強まることで、周辺地域での新たな動揺も起きた。一〇月一八日にはバイデン米大統領がイスラエルを訪問して連帯と支持、さらにはハマースへの非難を明確に打ち出した。これを受けて、トルコやレバノンなど中東各地の米大使館前では激しい抗議活動が展開された。この直前にガザ地区のアハリー病院で爆発があり、その責任がイスラエルにあるとの理解が周辺諸国に広がっていた。そのようななかでバイデン大統領が発したイスラエルへの連帯と支持のメッセージは、周辺国の世論と政府の姿勢を硬化させるばかりだった。アメリカとしては、ロシアがガザ情勢に関与の姿勢を示し始めている点も考慮せざるを得ないだろう。一〇月一三日にロシアのプーチン大統領は、イスラエルによるガザ地区封鎖をレニングラード包囲に喩え、「受け入れがたい」と発言し、ガザ地区情勢への関与の姿勢を滲ませた。国連安保理では、アメリカとロシアがそれぞれ休戦の決議案を提出し、双方が否決されるという事態が一〇月二五日に起きた。一〇月二七日には国連総会で人道的休戦を求める決議が採択されたが、日本を含む四四ヶ国が棄権し、ガザ情勢は国際的な分断を象徴する形になった。一二月六日には国連のグテーレス事務総長が国連憲章第九九条に則って、安保理に行動を促す書簡を発出した。しかし、決議案はアメリカの拒否権行使によって、一二月八日に否決された。

4　今後の見通し

見通しは暗い。特に戦後のガザ地区に関する構想が、イスラエルの閣僚のなかでも統一されず、終着点を定めないままに戦闘が継続しているというのが実情である。特にネタニヤフ首相がハマースの殲滅を掲げながら、一方でハマースが排除された後のガザ地区の統治体制について詳細を十分に語らず、閣僚の発言がさまざまな憶測を呼んでいる状態にある。

二〇二三年一〇月二〇日にイスラエルの外交・安全保障委員会でヨアヴ・ガラント国防相は「三段階」の作戦見通しに言及した。ハマースなどの軍事力を潰滅させた後、最終段階ではイスラエルがガザ地区への責任から手を引くことが提示された。ただ、すでに二〇年近くにわたる「分離」によって、イスラエルはガザ地区から手を引いた状態にある。では、この「責任から手を引く」とは何を意味するのだろう。ガザ地区の二二〇万人の住民をそっくりそのまま国際社会や隣国（エジプト）、またはパレスチナ暫定自治政府に丸投げし、イスラエルとガザ地区の境界を完全に閉ざすことも選択肢になり得ると危惧されている。一方で、現政権の連立に参加している宗教シオニスト系の諸政党からは、別の将来像も提示されている。宗教シオニスト党を率いるベザレル・スモトリッチ財相は、戦後も数年間にわたってイスラエル軍がガザ地区内部に展開するとの見通しを国内メディア向けに一一月四日に述べた。また、一一月一二日にはユダヤの力党党首で国家安全保障相のイタマル・ベン＝グヴィールが、ガザ地区に入植地を再建することも厭わないと発言した。二〇二四年二月二二日にネタニヤフ首相は戦時内閣に対して、ガザ地区に関する「戦後構想」を初めて提示した。ガザ地区を非武装化した後に、安全保障はイスラエル軍が保持し続け、一方で行政についてはハマースなど武装勢力とは無関係のパレスチナ人に委ねる構想である。また、PAへの言及はなく、国連パレスチナ難民救済事業機関（UNRWA）にかわる新たな国際機関が復興や福祉事業を担うことが提起された。しかし、具体的な安全保障のあり方や、財政的な裏付けなど、多くの点で不透明さが残っている。

　もし入植地の再建を含めて、イスラエル軍やイスラエルが管理する施設がガザ地区内に設置されるのであれば、「分離」の時代が終りを迎えることになる。しかし、イスラエルがガザ地区の治安と行政の両方を完全な形で担うことは、まず考えられない。第一に、復興については国連や国際NGO、または資金的に余裕のあるアラブ諸国に委ねられることだろう。懸念されるのはガザ社会の治安維持を含めた行政の担い手である。バイデン大統領は、西岸地区を統治しているPAの体制を刷新した上で、ガザ地区統治を担わせる提案を行っている。また、国連のグテーレス事務総長も、周辺国とアメリカを主体にした暫定統治機構を設置した後に、PAへと管理を委譲する構想に言及している。一方のネタニヤフ首相はPAによる統治には反対の意向を表明していることから、調整は難航することが容易に想定される。

　ただし、これらの想定はあくまでガザ地区に住民が残されていた場合のものである。北部から南部に向かって住民の退避を勧告している点、さらには住民のガザ地区外への自主的な避難を期待する発言がネタニヤフ首相をはじめとしてイスラエルの閣僚から出ている点は、ガザ住民の大量追放の可能性すらあり得るという厳しい現実を示している。シナイ半島に大量の難民が流出すれば、シリア難民危機に匹敵する結果をもたらしかねない。イスラエルとガザ地区の境界線が強固に閉じられるなかで、難民の流出が起きれば、日本政府や日本の国際NGO、さらには国連機関がこれまで実施してきたエルサレムを拠点にガザ地区を支援するという従来の取り組みも見直しを迫られることになる。国際社会はガザ地区とどのように向き合っていくべきなのか、大きな問いが投げかけられている。

（1）本章は『UP』第五八五号「パレスチナ情勢とイスラエル国内事情：『分離』の先に安定はあるのか」、第六一四号「緊迫するガザ情勢：示唆される暗い見通し」を大幅に加筆修正したものである。

（2）一九九四年四月二九日付の「経済協定」（通称「パリ協定」）で、イスラエルと後にPAを構成することになるパレスチナ解放機構（PLO）が関税の取り扱いに合意した（UNCTAD）。

参考文献

・メディア

al-Ayyām <https://www.al-ayyam.ps/>

BBC, Middle East <https://www.bbc.com/news/world/middle_east>

Haaretz <https://www.haaretz.com/>

al-Jazeera <https://www.aljazeera.net/>

al-Quds <https://alquds.com/ar>

The Washington Post <https://www.washingtonpost.com/>

Ynet News <https://www.ynetnews.com/category/3083>

・団体Ｗｅｂサイト

Ḥaraka al-Muqāwama al-Islāmīya, Ḥamās <https://www.hamas.ps/>

Israel Defence Forces <https://www.idf.il/>

Katā'ib al-Shahīd 'Izz al-Dīn al-Qassām <https://alqassam.ps/arabic/>

UN, OCHA <https://www.ochaopt.org/>

B'tselem, "10 years to the second Intifada - summary of data," <https://www.btselem.org/press_releases/20100927>（Accessed : 29 Dedemcer 2023）.

UNCTAD, "Protocol on Economic Relations between the Government of the State of Israel and the P.L.O., representing the Palestinian people. Paris, April 29, 1994," <https://unctad.org/system/files/information-document/ParisProtocol_en.pdf>（Accessed : 29 December 2023）.

World Health Organization（WHO）, "Lethal combination of hunger and disease to lead to more deaths in Gaza," 21 December 2023 <https://www.who.int/news/item/21-12-2023-lethal-combination-of-hunger-and-disease-to-lead-to-more-deaths-in-gaza>（Accessed : 29 December 2023）.

———, "WHO teams deliver supplies to hospitals in Northern and Southern Gaza," 27 December 2023 <https://www.who.int/news/item/27-12-2023-who-teams-deliver-supplies-to-hospitals-in-northern-and-southern-gaza>（Accessed : 29 December 2023）.

（脱稿二〇二四年三月二五日）

2　イスラエルの平穏を破ったパレスチナの絶望
——「10・7」開戦の経緯

錦田愛子

本章は二〇二三年一一月に依頼を受けて執筆し、校正で二〇二四年三月に加筆修正した内容である。

（にしきだ　あいこ）
慶應義塾大学法学部教授
専門は中東現代政治
著書に『パレスチナ／イスラエルを読み解く』（えにし書房、二〇二四年刊行予定）、今井宏平編著『教養としての中東政治』（共著、ミネルヴァ書房）、『政治主体としての移民／難民——人の移動が織り成す社会とシティズンシップ』（編著、明石書店）などがある。

1　イスラエルにとっての「10・7」

イスラエルにとって二〇二三年一〇月七日は建国以来、史上最悪の犠牲者を出した日として歴史に刻まれ、忘れることのできない日となった。この日、ハマースらパレスチナ武装勢力はガザ地区から境界線を破り、一斉にイスラエル領内へ奇襲攻撃を開始した。二五〇〇発（ハマース側の発表では五〇〇〇発）以上のロケット弾の発射は援護射撃として用いられ、主力部隊としてイスラエル領内に侵入した地上部隊は検問所やフェンスなど七カ所を突破し、またパラグライダーやボートを駆使して陸海空で攻め込んだ。その人数は一〇〇〇人を超えるとも報じられ、質量ともに、これまでをはるかに凌駕した規模の攻撃となった。

このときの攻撃だけでイスラエル側は一二〇〇人以上の死者を出し、二四〇人以上が人質として拘束され、ガザ地区内へ連行された。パレスチナ側からの奇襲攻撃で一日にこれだけの犠牲者が出たのも、民間人を含むこれだけ大規模な人質が取られたのも、イスラエルにとっては史上初めてのことである。その衝撃の大きさを表し、アメリカにとっての「9・11」すなわち二〇〇一年の同時多発テロになぞらえて、イスラエル紙の報道でこの日は「10・7」と呼ばれている。

戦闘は開始から五カ月以上続き、終わる気配を見せないまま二〇二四年四月を迎えようとしている（本稿執筆当時）。戦闘によるイスラエル兵の死者は、昨年末の時点で既に五〇〇人を超えた。人質のうち女性と子どもはその大半が一一月の交渉で解放されたが、その間の戦闘の停止はあくまで一時的なものとされ、イスラエル政府は戦闘継続の意図を崩さなかった。一二月一日に交渉の延長が決裂するとすぐさま双方の攻撃が始まり、その後はさらに激化した戦闘がガザ地区全土で続いている。イスラエルはこうした戦闘の過程で、人質を数名程度しか奪還できていない。ガザ地区全土では破壊と殺戮が繰り返されている。イスラエル軍の攻撃によるガザ地区での犠牲者は二〇二四年三月二五日時点で三万二二二六人に達している。

大半のイスラエル人にとって、また国際社会にとって、ハマースら武装勢力による「10・7」の攻撃はまさに青天の霹靂の事態だったといえるだろう。ガザ地区への攻撃や幹部の殺害など、イスラエル側からの挑発となるような何か具体的な事件がきっかけとして起きていたわけではない。「10・7」は第四次中東戦争開戦（一九五三年一〇月六日）から五〇周年で、ユダヤ教の祝日（スッコート）が終わり、立法の感謝祭（シムハット・トーラー）の日ではあったものの、それだけを理由に攻撃が開始されたとも考え難い。イスラエル軍の報復は予見されていたはずなのに、こうした悲惨な戦闘はなぜ起きてしまったのか。開戦間際のパレスチナとイスラエル双方が置かれていた状況について、まずは振り返っていきたい。

2　ガザ地区の深すぎた「絶望」

攻撃を始めたハマースら武装勢力が拠点を置くガザ地区は、一六年以上の長期にわたる封鎖下におかれてきた。封鎖下の生活はガザ地区の住民に大きな苦難を強いるものであり、それが今回の攻撃の背景となったことは、まずおさえておく必要がある。封鎖の起点となったのは二〇〇六年のパレスチナ立法評議会選挙であった。この選挙でハマースは公正な手続きにより勝利したが、その翌年、対立するファタハ勢力をガザ地区から追放して単独内閣を形成すると、イスラエルおよび欧米諸国からの経済制裁と封鎖が始まった。ガザ地区を出入りする物流と人の動きはイスラエル政府により著しく制限され、「天井のない監獄」と呼ばれる状態となった。人の移動は、北部にあるイスラエルへの通過地点エレツ検問所か、南部にあるエジプトへの通過地点ラファ検問所を通る動きに限られ、事前に許可を取得できた者だけが通過を許された。検問所を通る物流も急激に減少し、燃料や医薬品など市民の日常的な生活に必要な物資も不足する状況となった。

封鎖はガザ地区の経済に大きな打撃を与えた。それ以前はガザ地区内で生産されたイチゴや生花など農産物がイスラエル国内や欧州に輸出され、大きな収入源となっていたが、封鎖によって止められた。またセキュリティ上の理由として船が沖合に出ることが禁じられ、漁業水域は大幅に制限された。ガザ地区の産業は大きな打撃を受けて、失業率は五割近くに上った。イスラエルへの農産物の輸出と出稼ぎは、封鎖開始から数年経って再開されたが、その数はいぜん限られたものだった。二〇二二年の欧州委員会の報告書では、ガザ地区の住民の八割が国連など国際機関による支援に依存した生活を強いられていたことを指摘する。

ガザ地区の荒廃は、度重なる戦闘によってもたらされたものでもあった。ヨルダン川西岸地区と同様にかつてはガザ地区内にもユダヤ人入植地があったが、二〇〇五年に当時のアリエル・シャロン首相の決断でそれらが一方的に撤収されると、ガザ地区は数年おきに激しい爆撃にさらされることになった。イスラエル側はこれを「草刈り」と呼び、止まないロケット弾攻撃への報復として、パレスチナ武装勢力の攻撃能力を定期的に削ぐことが目的であるとした。二〇〇八年、二〇一二年、二〇一四年、二〇二一年と空爆をはじめとする攻撃が繰り返され、その度にガザ地区では多くの人が亡くなり、家を失うこととなった。ガザ地区内の工場や農地など産業基盤も、立て直すのが困難なまでに破壊された。

イスラエル軍による攻撃で多数の犠牲者が出て、経済活動が立ち行かない状態となるなか、ガザ地区の若者の間では自殺率が急上昇していた。本来、イスラームでは神から授かった大切な体を自ら傷つけることは禁忌とされる(1)。ましてやイスラームの教義上、地獄を意味する炎に身を投じる焼身自殺は、絶対的なタブーと位置付けられる。そうした行為が頻発するようになったことは、ガザ地区での生活が若者にとっていかに将来に希望が抱けない状況に陥っていたかを示すものだろう(土井二〇一八)。あるいは、ひとりで命を絶つよりも、少しでも変革をもたらす可能性のある行動に身を捧げて、イスラエル軍に射殺されることを選ぶという選択肢もあり得る。将来がよくなるとの期待をもてず深い絶望の状態に置かれた若者たちが、ハマースをはじめとするパレスチナ武装勢力に参加し、一〇月七日の襲撃の実行犯となっていったのではないか。中東最強の軍隊と謳われたイスラエルに挑む勝ち目のない戦闘は、こうした深い絶望の中で生まれ、計画されたと考えられるのである。

3　イスラエルの長すぎた「平穏」

他方でイスラエルでは、ここ一〇年以上にわたり平穏な時期が訪れ、パレスチナとの紛争の存在すら忘れられる状態となっていた。二〇〇〇年の第二次インティファーダ(2)以降、懸案となっていたイスラエル国内の治安も、二〇〇三年以降に建設が進んだパレスチナ自治区との間の分離壁と検問所の強化などによって改善された。ファタハとハマースの間のパレスチナ政治の分断は、国際社会に対して「対話の相手がいない」と主張し和平交渉を進めない口実を長期にわたりもたらすことになった。ガザ地区の封鎖は、ハマースら武装勢力を種子島ほどの広さの土地に押し込めることに成功した。そこからときおり発射されるロケット弾に対しては、二〇一一年以降アイアン・ドームが配備されて、防空システムとして有効な役割を果たした。これらは「占領の安定化」をもたらし、イスラエルにとって低コストで現状を維持することのできる占領体制を確立させていた。

イスラエル国内の選挙では、近年もはや争点にパレスチナ問題という言葉さえ上らなくなり、新自由主義的経済政策から起こる家賃の高騰や貧富格差の拡大、ベンヤミン・ネタニヤフ首相への評価などがもっぱら注目点となった。

こうした中、イスラエル政治は右傾化が進み、特に「10・7」が起きる前年末からは、宗教シオニストの台頭で国内が分裂に陥っていた。二〇二二年一一月のクネセト（イスラエルの国会）選挙で勝利したネタニヤフは、イスラエル史上最右翼と評される第三七期内閣を形成した。その際の組閣の基盤となったのは、これまで通り自派のリクード党と、シャス、ユダヤ・トーラー連合など従来の宗教政党だったが、これに加えて得票を伸ばして注目を集め、政権与党に食い込んだのは、選挙連合の「宗教シオニズム」であった。これはベツァルエル・スモトリッチ率いる「宗教シオニズム党」と、イタマール・ベン＝グヴィール率いる「ユダヤの力党」から成る宗教右派の勢力である。彼らは選挙戦の時点から「司法が左翼に独占されている」と批判し、新政権成立後は政府の権限を強めて最高裁による違憲立法審査権をも実質的に剝奪するような法改正を進めようとした。イスラエル最高裁は、パレスチナに対する占領政策を含めて、比較的中立的でリベラルな判断を下すことで知られていたからである。この法改正に反対する市民は、司法改革法案がイスラエルから三権分立を奪うものとして、数千人規模の抗議デモを毎週末、イスラエル全国各地で展開した。二〇二三年一月に始まったデモは、中東随一の民主主義の国として自らを誇ってきたイスラエルで、「10・7」直前までイスラエルの国中の関心を独占していた。

だがこれらの宗教右派は、同時にパレスチナに対して占領拡大の意図を強く抱く組織でもあった。宗教シオニズムは一九世紀頃に始まり、ヨルダン川西岸地区を含む「約束の地」をユダヤ人が神から授かったと捉える思想で、入植地の建設を宗教的な義務と捉えるものである。ベン＝グヴィールらを含む「宗教シオニズム」の政党も、ヨルダン川西岸地区に住むユダヤ人入植者らから強い支持を集め、彼らの入植活動の拡大を支持していた。こうした閣僚らからお墨付きを得て、二〇二三年一月以降、ユダヤ人入植者とヨルダン川西岸地区のパレスチナ人の間では、衝突・襲撃が頻発するようになっていた。

実際に閣僚も関わった激しい衝突の一例としては、二〇二三年二月二六日の事件が挙げられる。その日、ヨルダン川西岸地区北部にある町ナーブルスの南に位置する村フワラの近くで、入植地ハル・ブレハ（Har Bracha）の二〇代の兄弟が何者かに撃たれて死亡した。するとその数時間後には、近隣にあるパレスチナ人の町フワラをユダヤ人入植者三〇〇人以上が襲撃し、報復として住居や車などに放火した。この事件では、フワラの家屋三六軒と、車一〇〇台以上が焼かれ、九家族が避難し、九八人が負傷する事態となった。現場に駆け付けたイスラエル軍はむしろ、消防隊と共にフワラの住民を入植者による攻撃から保護にあたる側に回った。この際、スモトリッチ財務相はフワラ村を「消し去れ」と発言したことが後に指摘され、非難された。彼はこの発言を「口が滑った」と弁明したが、確信犯であったことは明らかであった。イスラエルの中道政治家のヤイール・ラピッドは村を襲撃した入植者など実行犯を「スモトリッチの民兵」と呼んだ。

ヨルダン川西岸地区では、各地でこうした入植者によるパレスチナの村落への襲撃が繰り返されるようになった。これに抵抗する組織として、「ライオンの巣」などパレスチナ人の側でも若者を中心とした新たな武装集団が生まれたが、イブラーヒーム・アン＝ナーブルスィーなど幹部は次々に殺されるか拘束されていった。イスラエル軍はこれらの組織を早い段階で壊滅させるため、ヨルダン川西岸地区北部のジェニーン市などに部隊を侵攻させ、抵抗勢力との間で衝突が起きるなど緊張が高まっていた。だがこれらはイスラエルの一般市民にとっては遠い場所での出来事であり、あくまで自分たちの日常とは関係のない事件と捉えられていた。ネタニヤフ政権はこれらの事件を起こしながらも、それに対する抵抗運動を軍事力で抑え込み、制御する力をもつと信じられていたからである。イスラエル国内での治安確保の実績により「ミスター・セキュリティ」と異名をとったネタニヤフ首相に対する信頼が、その背景にはあった。

4　エルサレム問題と「アル＝アクサーの洪水」

一般のイスラエル人にとって、より関わりの深い場所であるエルサレムでも、土地をめぐる対立と挑発行為、衝突は頻発し始めていた。「10・7」が起きる前の直近の戦闘となった二〇二一年五月のガザ地区とイスラエルとの間の短期の衝突も、エルサレムの土地の所有権をめぐる対立を発端とするものだった。東エルサレムのシェイフ・ジャッラー区に住むパレスチナ人家族について、ユダヤ人入植者団体がその土地はユダヤ組織により購入されたものだと主張し、裁判を起こした。イスラエルの裁判所は二〇二一年二月、住民に対して立ち退き再勧告を出したが、その期限が五月末に迫る中、この土地に住んできたパレスチナ人一四世帯、三〇〇人の居住権を主張してエルサレムでは抗議運動が続発するようになった。個人の居住権をめぐる訴訟ではあるが、それは同時にパレスチナとイスラエルの間でのエルサレムの帰属と領有権をめぐる政治的争点と捉えられたためだ。

おりしもこの月はイスラーム教の断食月（ラマダーン）であった。イスラエル警察は混乱を避けるため、エルサレム旧市街入り口のダマスカス門前にバリケードを設置したが、これがかえって反発を招いた。ラマダーン最後の金曜礼拝があった五月七日には、大規模な抗議集会が起き、イスラエル軍との衝突に発展することになった。エルサレム旧市街のハラム・アッシャリーフには岩のドームやアル＝アクサー・モスクなど歴史的に古い重要なモスクがあり、日常的に礼拝が行われている。この日はそこでイスラエル警察と衝突が起こり、パレスチナ側の投石に対して催涙ガスやゴム弾、閃光弾（スタン・グレネード）などが鎮圧に使用された。さらに五月一〇日は、イスラエルにとって第三次中東戦争での東エルサレムの占領、すなわちエルサレムの「統一」を祝う「エルサレムの日」であり、こうした祝日が重なったことで緊張が増幅された。

ハマースは一〇日までにイスラエルの治安部隊にハラム・アッシャリーフとシェイフ・ジャッラーからの立ち退き期限を要求し、通告した期限を過ぎたとしてイスラーム・ジハードとともにガザ地区からロケット弾攻撃を開始した。イスラエル軍は即座にガザ地区への空爆を開始したが、地上軍の侵攻はなく、エジプトの仲介により戦闘は一一日間で終結した。その間にガザ地区からは四三四〇発のロケット弾が発射され、そのうち四〇発は失敗してガザ地区内に落下したという。ガザ地区での死者は二四八人、イスラエル側の死者は一三人に上った。これと比較すると、初日だけで五〇〇〇発のロケット弾を発射したとハマース側が主張し、五カ月以上の長期にわたり三万二〇〇〇人以上の死者が出ている二〇二三年以降の戦闘が、いかに規模の大きいものであるかがより明らかとなるだろう。

二〇二一年の戦闘はあくまでエルサレムをめぐる事件をきっかけに起きた、やや偶発的な側面を含むものだった。その意味では、後に述べるように、かねてより周到に準備されていた「10・7」とは異なる。こうした性格の違いが、ふたつの戦闘の規模の違いを生んだと考えられる。二〇二一年の開戦の理由がエルサレムをめぐるものだったことは、ファタハとハマース双方の政治指導部による発言でも明確に示されている。パレスチナ自治政府のマフムード・アッバース大統領は二〇二一年五月一二日、ラーマッラーの議長府で「エルサレムはパレスチナの心と魂であり、永遠の首都」であるとし、「占領による既成事実化の押し付けは受け入れられない」と強気の声明を出した。また五月一五日にハマース政治部門幹部のイスマーイール・ハニーエは、カタールのドーハで「我々はガザについては何も要求してない。我々がこの戦いに身を投じたのは聖地エルサレムを守るためだ」と述べていた。

とはいえエルサレムとガザの問題は、完全に切り離せるものではない。エルサレムの問題はイスラエルによる占領の問題の中核を成し、すべてのパレスチナ人とイスラーム教徒に関わる重要な課題だからだ。エルサレムの聖地に対する侵犯は、ガザ地区の武装勢力を含めたパレスチナの政治組織と一般民衆のどちらからも、挑発行為と捉えられることになる。

ユダヤ教、キリスト教、イスラーム教の共通の聖地であるエルサレムでは、宗教実践としての礼拝を相互に尊重するため、暗黙の長い間お互いの管理領域と立ち入れる空間を切り分ける、暗黙の現状維持（ステイタス＝クオ）が保たれてきた（山本二〇二〇）。ユダヤ側は「嘆きの壁」とその前の広場を祈りの場とし、壁の内側にあるハラム・アッシャリーフには基本的には礼拝の時間は非イスラエルは立ち入らないという不文律があった。しかし二〇〇〇年代に入ってから特にユダヤ側によるこうした現状維持の違反行為が頻発し始める。イスラーム教徒が「ハラム・アッシャリーフ」と呼ぶのと同じ場所には、かつてユダヤ教の神殿があったと考えられており、イスラエルはここを「神殿の丘」と呼ぶ。その敷地を、閣僚であるベン＝グヴィールを含めたイスラエルの右派の政治家がたびたび訪問するようになり、パレスチナ側ではこれを宗教的な挑発行為として批判する声が強まっていた。

一〇月七日の奇襲から始まる今回の攻撃を、ハマースらは「アル＝アクサーの洪水」という作戦名で呼んでいる。これはすなわち、攻撃がガザ地区単独の利益を考慮したものではなく、エルサレムの聖地を含むパレスチナ人全体の権利とその侵犯の非道性を訴えるための抵抗運動と位置付けていることを示す。長期の封鎖下に置かれたガザ地区、西岸地区のパレスチナ人の村への襲撃、そしてエルサレムの聖地の侵犯といった事態の積み重ねは、パレスチナ人の間で確実に占領に対する怒りと憎しみを醸成していた。一方でその元凶を作ってきたイスラエルの側では、相手側が抵抗する力を奪われ、完全に制御下に置かれていると信じ込んでいた。窮鼠が猫を嚙むという可能性すら忘れ、司法改革など国内問題に関心を奪われ、パレスチナ問題そのものが遠い存在となりかけていた。一〇月七日の攻撃は、イスラエルにとってのこうした「平穏」の陰で、ガザ地区での「絶望」が深まり、じわじわと高まる一連の緊張感の中で起きたと考えられるのである。

5　ガザ地区武装勢力の団結

今回の戦闘に向けてガザ地区のハマースら武装勢力は、長い年月をかけて準備を整えていた。準備の開始は現ネタニヤフ政権の成立よりも早く、BBCによる分析では二〇一八年頃から始まっていたという。複数の武装勢力はガザ地区で繰り返し合同演習を実施し、その様子はテレグラムなど一般にも公開されたソーシャルメディアに投稿されていた。戦闘訓練には、人質の拉致、集落の奇襲、イスラエル防衛体制の突破などが内容に含まれ、最後の演習は一〇月七日のわずか二五日前に実施されていた。(『BBC』二〇二三年一一月二九日)。

最初の合同軍事演習は、二〇二〇年一二月二九日に行われた。その後三年にわたり計四回実施されることとなる作戦名「強い柱」という名の演習の初日に、ハマースの幹部ハニーエはこれをガザ地区内の武装勢力間の「団結の強いメッセージであり証だ」と宣言したという。この日の演習には、ハマースを含めて一〇グループが参加したことがヘッドバンドや記章から確認されている。演習はその後ほぼ一年おきに繰り返され、参加する抵抗勢力の間の連携が確認された。襲撃対象としてはガザ地区周辺の集落が想定されており、建物や戦車を襲撃する訓練の記録が映像で残されている。これらの戦闘訓練を経て一〇月七日の攻撃では最終的に、ハマースの他にイスラーム・ジハードなど五つのパレスチナ武装勢力が参加することになった。

演習の実施については当然、イスラエル側でも把握されていた。軍はこれらの訓練を妨害するための空爆を実施しており、二〇二三年四月には最初の「強い柱」で使われた演習場も空爆されていた。また、一〇月七日の襲撃の数週間前、ガザとの境界付近を監視するイスラエル軍の女性兵士らは、ドローン活動が異例に増加していることに気づいていた。ガザ地区の内部でイスラエル軍の位置を表した模型を使い、監視塔を占拠する訓練をしていることも、軍の上層部に報告されていた。同じ時期には、ガザ地区とイスラエルの境界線で、イスラエル軍が早期警戒システムで使用する観測気球七基のうち三基に不具合が見つかっていたが、他の手段での代替など対策は取られなかった。観測気球はそれぞれ、北部、中部、南部のもので、監視員が修理を求めたものの、修理は翌週まで延期されていた（Ha'aretz, Oct. 13, 2023）。これらの記録が示すのは、後から振り返ってみて気づく、「10・7」を招いたイスラエル軍と諜報機関の失態の連続といえる。

とはいえ幾多の情報も、それがどこに結びついていくのか目的が分からなければ対策は難しい。当時のイスラエル軍も、これらの訓練や動向が、具体的にどんな計画に基づき、いつどのように決行される軍事作戦の準備なのかについては把握できていなかった。ガザ地区の境界線の警備は、軍事用ドローンや防御フェンスなどにより多重に強化されており、イスラエル側はこれらで十分と判断していた。その判断の背景には、先に述べた「占領の安定化」と、その下で追い詰められるパレスチナ人の苦しみに対するイスラエル側の無自覚があったといえるだろう。平穏を満喫し、国内問題に専心するイスラエル人をよそに、エルサレムやヨルダン川西岸地区ではユダヤ教右派や入植者との間で緊張感が高まり、ガザ地区ではイスラエルに対する攻撃の準備が続けられていた。

一〇月七日の攻撃では、ハマースのほかにイスラーム・ジハードとムジャーヒディーン（イスラム戦士）旅団、アン＝ナーセル・サラーハッディーン旅団がそれぞれ、イスラエル人を人質にとったと主張している。鬱屈したガザ地区で複数の武装勢力が団結し、準備を万端に整え殉教を覚悟で挑んだのが「10・7」の奇襲攻撃だったといえるだろう。中東最強と謳われたイスラエル軍と、「ミスター・セキュリティ」の異名を取ったネタニヤフ首相はこれを予見し対処することができなかった。この失敗はイスラエルの治安管理の歴史の中で、大きな汚点を残した日として記憶に刻まれることになるだろう。

他方でパレスチナでは、史上最悪の犠牲者の数が日々更新されている。これまでガザ地区での戦闘で最も多くの死者が出たのは二〇一四年の「境界防衛」作戦で、五〇日間で二二三一人というものだった（OCHAデータベース）。今回は既にその一五倍近い死者が出ており、開戦から半年近くになってもまだ戦闘が止む気配はみえない。完全封鎖が続く中での戦闘の長期化は、新たな軍事物資も水や食料の補給も期待できないガザ地区の武装勢力には不利に働く。消耗戦であることが武力衝突の終結に結びつくのか。その傍らでガザの市民は日々、空爆と砲撃の犠牲になり、飢えと渇きに苦しんでいる。戦闘の原因をもたらしたのが封鎖や占領であるならば、それを解決しない限り紛争は終わらないだろう。一刻も早い停戦と同時に、政治的解決が求められている。

（1）「自爆テロ」と呼ばれることの多い、爆弾ベルトや銃の乱射による攻撃は、イスラームの聖地防衛などが目的である場合、自殺には当てはまらず宗教的に「殉教」として正当化される。パレスチナ人による対イスラエル攻撃なども、聖地エルサレムを含むイスラーム教徒の郷土を守るのが目的であることから、アラビア語では「殉教作戦」と呼ばれる。

（2）二〇〇〇年九月のリクード党首（当時）シャロンによる「神殿の丘」の挑発的訪問を契機に起きた、パレスチナ民衆および武装勢力とイスラエル軍の衝突。「インティファーダ」というアラビア語名称自体は「振り払う」行為や「蜂起」を意味する。一九八七年に第一次インティファーダが起きたが、それに比べて第二次ではパレスチナ側からの攻撃も武装化したため、双方に多くの犠牲者を出した。

参考文献

土井敏邦（二〇一八）「ルポ「ガザは今・2019年夏」・6「急増する自殺」」『週刊金曜日』二〇一八年九月二一日号
山本健介（二〇二〇）『聖地の紛争とエルサレム問題の諸相：イスラエルの占領・併合政策とパレスチナ人』晃洋書房

3　イスラエルの世論はどう動いたか
——越境攻撃の世論調査から見る

保井啓志

（やすい　ひろし）
人間文化研究機構／同志社大学研究員
専門はイスラエル地域研究、ジェンダー研究
論文に「シオニズムにおける動物性と動物の形象：近代化とショアーをめぐる議論を事例に」（日本中東学会年報三八（一）六一－九三、二〇二二年）などがある。

はじめに

一〇月七日のハマースによる越境攻撃はイスラエル社会に対し強い衝撃を与えた。あるものはホロコーストの記憶を想起し、またあるものは、イスラエルが奇襲攻撃を仕掛けられた一九七三年のヨム・キプール戦争と今回の事態を重ねている。それほどまでに今回の攻撃がイスラエル社会に与えた衝撃と混乱は大きかったのである。この間、戦争の宣言と予備役の招集、人質の連れ去り、越境したハマース戦闘員の掃討、空爆の開始と地上侵攻、病院をめぐる国際世論との軋轢、一週間の休戦と人質の部分的解放、休戦の失効と南部への地上侵攻の開始と、めまぐるしく事態は変遷してゆく。その時々において、イスラエルの世論の関心はどこにあり、そして世論はどのように変遷したのだろうか。筆者は一〇月七日から一二月中旬までの二か月の間に新聞やテレビメディア、大学、各種調査機関によって行われ、オンライン上で公表されているヘブライ語の世論調査を管見の限りすべて辿った。本章では、各種の世論調査の結果を参照しながら、この間の目まぐるしい変遷を追ってゆきたい。

その前に、一〇月七日以前のイスラエルの政治的状況とその背景について、簡単におさらいしたい。近年のイスラエル政治を一言で形容するならば、稀に見る政治的混乱状態にあった。そしてその中心にいたのがビンヤミン・ネタニヤフである。二〇一五年の選挙で成立したネタニヤフを首相にした宗教派と右派政党からなる政権が二〇一九年に崩壊した後、ネタニヤフの汚職疑惑が持ち上がる。そして疑惑の追及と辞任を求める人々と、それでもなおネタニヤフを支持する人々の間の激しい世論の分断が生じる。これを背景に短期間に四度の選挙が行われる

異常事態に見舞われる。その中で一時はコロナという非常事態により与野党の大連立内閣、そして反ネタニヤフを掲げた野党がまとまった反ネタニヤフ内閣が誕生したが、いずれも短命で終わってしまう。その後二〇二二年にようやく誕生したのが、極右政党とユダヤ教超正統派の宗教派政党を加え、一度は下野したネタニヤフを再び首相に据えた内閣であった。

イスラエル国内では、この内閣のパレスチナとの和平に関する対話を拒否し、入植を進めることでオスロ体制とパレスチナ国家樹立を事実上反故にしようとする姿勢に対する懸念の声が当初から聞こえていた。それまでのネタニヤフの汚職疑惑への反発に加え、この内閣では連立交渉のキャスティングボードを握った極右政党の党首が閣内の重要なポストに就いたからである。そしてそれが表面化したのが、「司法改革」をめぐる大規模デモである。ネタニヤフの所属するリクードや極右勢力はかねてから、入植や東エルサレムの問題に対し法的な観点から一定の歯止めをかけていた司法を敵視しており、司法権力を弱める法案を提案した。それが、裁判官の任命権や違憲立法審査権などに制限を加える「司法改革」だったのである。しかしそれが本格的な審議に入ると、国内世論の強烈な反発を生むことになる。この司法改革がイスラエルの民主主義や三権分立の価値観を根幹から破壊するものだとして、毎週のように党派を超えて大規模なデモが開催されるようになった。ネタニヤフ政権の政権担当能力に対する人々の疑問が徐々に呈され、支持率が低下していったのが一〇月七日直前の政治的状況だった。

『マアリーヴ』紙はイスラエルで唯一、一週間に一度という高い頻度で世論調査を行っているメディアである。その世論調査では、「もし仮に今日クネセト[1]の最新の選挙があった場合、あなたは誰に投票しますか」という質問を行っている。越境攻撃の直前、一〇月四〜五日に行われ六日に公表された世論調査の予想では、ネタニヤフ率いるリクードは、元イスラエル国防軍参謀総長のベニ・ガンツ率いる第一党の野党[2]「国家陣営」の二九議席に続き二八議席の第二党で両者の議席数は拮抗していたものの、全体として与党は過半数を下回る五五議席となるだろうという結果が出ていた（*Ma'ariv*, Oct. 6, 2023）。

1　一〇月七日の越境攻撃直後——混乱と責任の追及

この状況を一変させたのが、一〇月七日の越境攻撃の衝撃であった。一〇月一三日に公表されたマアリーヴの世論調査では、野党の「国家陣営」の予想獲得議席は四一議席にまで跳ね上がり、一方でリクードは一九議席までその数を落とし、与党が合計で四三議席に対し野党は七七議席にまで伸長するという予想となった（図1を参照）（*Ma'ariv*, Oct. 13, 2023）。マアリーヴはこの時、「与党崩落」とその衝撃を伝える見出しを付けている。

マアリーヴの世論調査では同時に、ネタニヤフに加え、ガラント国防相、ハレヴィ軍参謀総長に対し現在の戦争における役職のしぶりについて一（最もひどい）から一〇（とても良い）まで何点を与えるかを聞いている。その結果、ガラントが平均

図1　2か月間の予想議席数推移（変化の大きい4政党抜粋）

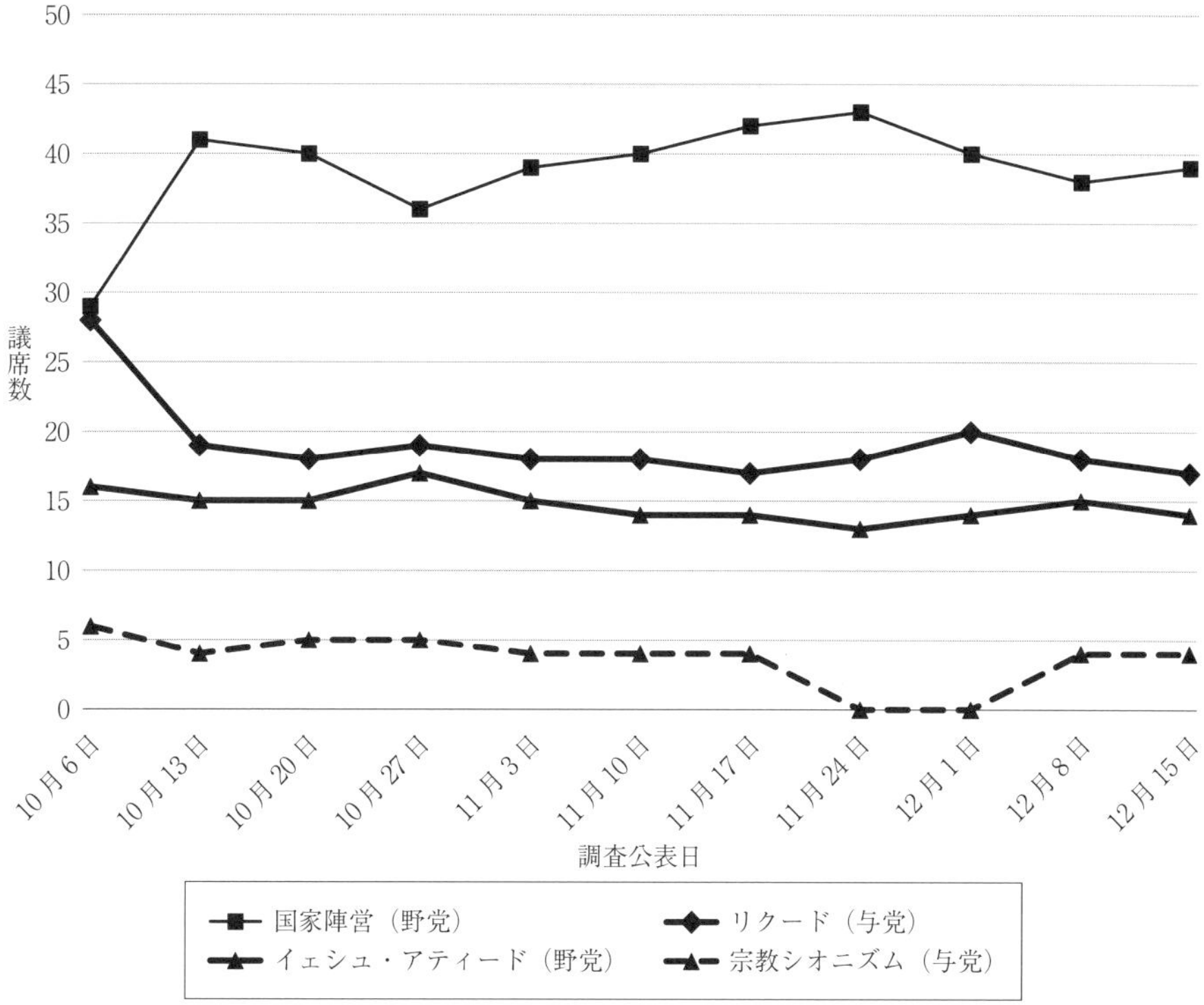

（出所）　Maʻariv 紙を参考に、筆者作成。

五・四点、ハレヴィが五・七点に対してネタニヤフは最も低く四・二点で、ネタニヤフの戦争のかじ取りに対する厳しい目線が向けられていることが分かる。さらに、この時、複数の国境からの外的脅威に対するイスラエル国防軍の対処能力への信頼度を聞いている。その結果、「とても信用している」と答えた人が三〇%、「ある程度信用している」が四一%となり、「あまり信用していない」一九%と「全く信用していない」四%を大きく上回っている。このことから、イスラエル国防軍に対しては高い信頼が窺える。さらに、戦争の後、誰に首相になってほしいかという質問に対しては、ネタニヤフが二一%なのに対し、他の誰かと答えた人が六六%で、ネタニヤフに対する世論のNOが鮮明に出る結果となった。

　この一週間後に行われたマアリーヴの調査（一八―一九日実施、二〇日公表）でも議席数の配分はほとんど変わらなかった（図1を参照）（*Maʻariv*, Oct. 20, 2023）。この時、イスラエル国防軍幹部等が次々と自らの責任を吐露したのに対し、ネタニヤフは未だに一〇月七日の越境攻撃を許したことに対する責任を取る姿勢を明示的に示していなかった。マアリーヴはこれを念頭に「ネタニヤフは責任を認める必要があったか」を聞いている。すると八〇%の人が「必要があった」と答え、「なかった」と答えた人の八%を大きく上回った。また、この頃は国内のハマース戦闘員の掃討が一定程度進み、一方でガザ地区に対する攻撃を検討している時期であった。これを受けて、マアリーヴでは、「ガザ地区への広域の地上作戦を支持するか」を聞いている。すると、六五％が支持すると答えたのに対し、反対すると答えたのは二一％であった。実に多くのイスラエル人が地上侵攻を肯定していたことが分かる。このマアリーヴの調査では、「イスラエル国の将来に対し楽観的か」という抽象的な質問も聞いている。これに対し、実に六五％の人が楽観的だと答えており、イスラエル人の戦争の結果と将来に対する自信と楽観が見て取れる。

このあたりから、マアリーヴ以外の世論調査の結果も公表されるようになる。一七日から一九日に行われた、ライヒマン大学自由と責任研究所による世論調査は、抽象的な、よりイスラエル人の精神性に迫る内容についても質問が及んでいる（*Ha-Makhon Le-Herut Ve-Ahrayut*, 2023）。

まず、イスラエル国防軍をはじめとした様々な機関に対する信用度を聞いたところ、イスラエル国防軍に対しては七三％の人が高い信用を示したのに対し、警察は四九％、イスラエルの国内の諜報機関であるシャバク[3]に対しては五六％、一方メディアに対しては三〇％という結果であった。さらに、「イスラエル国防軍の国の安全を守る能力を信用していますか」という質問に対しては、「とても信用している」が七二％、「ある程度信用している」が二一％で、ここでもイスラエル国防軍に対する高い信用度が見て取れる[4]。

また、「こんにち、イスラエル国はたくましいと思いますか」という質問に対しては〇から一〇の評価において平均六・一と、イスラエル国の国家の存続を信じている人が多いことが分かる。「イスラエル人であることに誇りを持っていますか」という質問に対しては、全体で九一％の人が「はい」と答え、さらに、「あなたの子供や孫らがイスラエルで暮らしてほしいと思いますか」という質問に対しても、全体で七四％の人が「はい」と答えている。このことからイスラエル人一般の国に対する自信と高い愛国心が窺える。

一〇月二四日から二六日に行われたイスラエル民主主義研究所の世論調査は、定期的に同じ質問を聞いていることもあり、一〇月七日前後の変化を知るのに有効である（*Ha-Makhon Ha-Yisra'eli La-Demogratyah*, Oct. 31, 2023）。例えば、イスラエルの民主体制と安全保障状況に対する楽観状況をそれぞれ聞いており、それぞれ四〇％、四一％と、ある程度の楽観が見て取れるが、これは一〇月七日以前と以後ではほとんど変化がない。さらに、ユダヤ人とアラブ人のイスラエル市民間の関係性の良好さについては、ユダヤ人回答者の間で、「良い」、「そこそこ」、「悪い」と答えた人がそれぞれ一一％、四九％、三二％、さらにアラブ人回答者の間ではそれぞれ二一％、三九％、三三％であった。しかしこの結果を過去の結果と比較してみると、ほぼ変化がないことが窺える。

この調査ではほかにもイスラエル人がどのようにこの件を捉えているのかを知るうえで重要な質問をいくつか聞いている。

「司法改革に関する国内の激しい意見対立がハマースの今回の攻撃の決定に影響を与えた」と答えた人は、左派では七八・五%、中道で七一%、右派でも八一%と、政治的志向を超えてほとんどの人が国内の政治的混乱が今回の事態を導いたと考えていることが分かる。このことから、イスラエルの世論は、越境攻撃を許したネタニヤフには、単に諜報機関や軍を統べる首相としての軍事的な責任だけでなく、汚職や直近の政治的混乱という遠因に関しても責任があると考えているということが分かる。

さらに、戦争の開始以後の各政府組織の職務遂行の評価を聞いている。これに対し興味深いのは、「ライフライン供給の安全確保」は五〇・五%の人が「良い／素晴らしい」と答えているのに対し、「海外におけるイスラエルの広報宣伝機関のかじ取り」については、五〇・五%の人が「良くない／ひどい」と答えていることである。この結果からうかがえるのは、イスラエル人自身が、イスラエルの主張が国際世論ではうまく受け入れられておらず、イスラエルのイメージが海外で悪化していることを懸念している、ということである。

また、人質に取られたイスラエル人の解放と、パレスチナ人囚人の解放が正しいかどうかを聞いたところ、ユダヤ人の間では「正しい」と「正しくない」が四〇%、四五%と意見が割れ、アラブ人の間では「正しい」が六〇・五%で概ね肯定的である一方、二八・五%と一定数が「分からない」と答えている。

2　地上戦の開始と人道危機について

一〇月七日から二週間ほどが経過すると、国内のハマースの戦闘員の掃討がある程度達成され、ロケットの脅威を除いて市民の生活が戻りつつあった。この時、メディアではイスラエルの地上侵攻が複数の政治家や大臣から予告されていたにもかかわらず、遅れているとの報道が出始めていた。実際にイスラエルがガザで大規模な地上侵攻を始めるのは二八日だが、二五日から二六日に行われたマアリーヴの世論調査ではこれに関する質問も行っている。地上戦に直ちに突入する必要があるか、それともその決定を待つことを厭わないかを尋ねたところ、直ちに突入する必要があると答えたのが二九%だったのに対し、およそ半数近く四九%の人はその決定を待つことを厭わないと答えている（*Ma'ariv*, Oct. 27, 2023）。ここから、イスラエル人が地上戦を性急に行う必要はなく、あくまで軍事的な緻密さを重視していたことが窺える。

一一月に入り、越境攻撃の直後に始まった空爆に加え、地上戦が二週間ほどになろうというところで、国際的な報道は、ガザ地区の人道危機に注目してゆくことになる。この状況を反映し、世論調査でも、ガザへの攻撃の正当性や停戦の条件、停戦後のガザ地区についての質問も聞かれるようになっている。

一一月八日から九日に行われたマアリーヴの世論調査では、ガザ地区における人道的停戦に賛成するかという質問がなされた（*Ma'ariv*, Nov. 10, 2023）。人質と無関係の停戦に賛成すると答えた人はわずか三%で、①すべての人質と引き換えでのみ賛成するが三九%、②人質の返還と引き換えでのみ賛成するが一六%、③人質の情報と引き換えでのみ賛成するが四%と、何らかの人質に関する取引の条件下での賛成が全体の五九%を占めた。一方でどのような条件でも停戦に反対すると答えた人も三〇%と相当数いることが分かる。

ライヒマン大学自由と責任研究所は、さらにガザへの攻撃の正当性を訪ねている（*Ha-Makhon Le-Herut Ve-Ahrayut*, 2023）。イスラエル軍が行っているガザへの食糧の供給停止は正当かと尋ねたところ、七段階の指標のうち平均で五・〇と、正当であると考えるイスラエル人が多いことが分かる。さらに、ハマースの勢力がいる居住地区への爆撃は正当かを聞いた質問では、七段階の指標のうち平均五・八の結果となり、民間人の犠牲をいとわずハマース掃討を優先する人がおおむね多いことが分かる。さらに、一〇月七日以降イスラエル国内ではハマースの「テロ」を賛美した容疑で主にアラブ人の住民に対する逮捕が続出していた。これについて、ソーシャルメディアでハマースへの称賛を表明した人々を裁判に立たせる必要があるという質問に対し、とても賛同すると答えた人は、八五%に上り、ユダヤ人の間では九五%と非常に高い賛同が垣間見える。一方で、「この戦争がユダヤ人のアラブ人への敵意を増幅させたか」をアラブ人に聞いたところ、四九%の人がとても賛同する、二四%の人がある程度賛成すると答えており、イスラエル・アラブの大半がユダヤ人からの敵意の増加を感じていることが分かる。

3　経済状況の悪化への懸念と予算をめぐる対立

一〇月七日の越境攻撃直後、多数の商店やビジネスが閉まり、また大学や教育機関も年度の開始を遅くするなど越境攻撃とその後の戦闘はイスラエルの社会・経済活動に多大な影響を与えている。中央統計局は、一〇月二四日から二六日に五つ以上のビジネスを持つ企業の管理職を対象に行われた簡易調査の結果を一一月一日に公表している（Ha-Lishkah Ha-Merkazit Li-Statistiqah, Nov. 1, 2023）。それによれば、また、通常時に期待されるものに比べ事業の稼ぎにおけるひどい損害を五一%の回答者が報告している。さらに全体で三七%の事業主が営業停止になるほどの雇用範囲の縮小を経験しているが、その数字はテル・アヴィヴ地区では二五%なのに対して、南部地区では五九%にまで上る。特にアラブ人労働者や外国人労働者に大きく労働力を依存する建設業界では、ほとんど営業停止の状態にある事業主が全体の六二%であり、ハイテク産業の四%に比べて深刻なものとなっている。

一二月五日に公表されたイスラエル民主主義研究所の世論調査では、自身あるいは家族の経済安全保障の将来を不安視するかどうかを聞いており、一〇月と一一月の結果を比較している（*Ha-Makhon Ha-Yisra'eli La-Demoqratyah*, Dec. 5, 2023）。それによると、ユダヤ人の間では、一〇月一八日―一九日の時点で五七%、一一月二七日―三〇日の時点で五〇・五%の人が不安に感じていると答えている。高い水準であるものの、当初の衝撃よりは落ち着きを取り戻していることが分かる。一方でアラブ人は一〇月一八日―一九日の時点で六九％、一一月二七日―三〇日の時点で八二％の人が不安に感じていると答えている。ユダヤ人と対照的にイスラエル社会において経済的に脆弱な立場にあるアラブ人の側では、時間がたつにつれて経済的な先行きへの不安が高まっていることが分かる。

この経済の悪化に際し、そのかじ取りを担ってきた政治家に対しても厳しい視線が向けられている。一一月三日に公表されたテレビチャンネル13による世論調査では、ネタニヤフと極右「宗教シオニズム」政党出身のスモトリッチ財務大臣の経済対策が良いかどうかを尋ねている（Hadashot 13, Nov. 3, 2023）。この質問に対して、良くないと答えた人は六八％に上り、良いと答えた一九％を大きく上回った。さらに、経済のかじ取りに加え、スモトリッチは予算審議においても批判の矢面に立たされることになった。越境攻撃の直後である一〇月一一日に成立した緊急内閣は、それまでのネタニヤフ内閣の与党に加えて、ガンツ率いる「国家陣営」が新たに連立に加わった[5]。その時の取り決めでは、戦争や外交に関することと以外の決定を行わないこととされていた。この点が二〇二三年度の補正予算案の審議の際に再燃したのである。一〇月七日以降凍結されていた「与党基金」が盛り込まれていることに対しガンツは、国家の非常事態に対応するために成立した緊急内閣において戦争以外に予算を回すべきではないとして反発、予算案にガンツ率いる党が賛同しないことを公言した。さらに経済相であるリクードのニル・バルカットも「与党基金」について予算案を公然と批判した。その結果、スモトリッチの支持率は一一月末頃から低迷、一二月初頭の世論調査では最低得票率を下回る予想が出てきた（*Ma'ariv*, Dec. 1, 2023）[6]。スモトリッチの支持層の票は、リクードや同じく宗教シオニストらを支持基盤とする「ユダヤの力」に流れるだろうという予想となっている。

4　ポスト・ネタニヤフと政界の再編

一〇月七日以降、反ネタニヤフ層の支持を一手に受けたのが、ベニ・ガンツである。ガンツは、一〇月七日の越境攻撃の直後に行われた議席予想では、獲得議席数を躍進させたほか、ネタニヤフとガンツのどちらが首相にふさわしいかという マアリーヴの質問でも、ネタニヤフに水をあけている（Ma'ariv, Oct. 13, 2023）。この点について、元首相で、同じく反ネタニヤフを掲げてきた野党「イェシュ・アティード」党首のヤイル・ラピードとは対照的である。イェシュ・アティードは一〇月七日以後も大きく議席を伸ばすことはなく横ばいである。また、一一月一六日に公表されたN12の世論調査では、ラピードとネタニヤフのどちらが首相にふさわしいかという質問に対して、ネタニヤフと同率の二九％で、どちらもふさわしくないと答えた人が三五％に上る結果となっている（N12, Nov. 16, 2023)。同じ中道を志向する二人の政治家にここまで差が出たのは、まず一つには軍の経験の違いであろう。イスラエルでは、軍のエリートが政治家に転身することは珍しくなく、またイスラエル社会において軍における功績は非常に重要な意味を持つ。ガンツは軍の参謀総長出身であり、二〇二〇年の与野党大連立内閣では国防相を務めた経験があり、この点はラピードとは大きく異なる。さらに、党派性が薄いというイメージもガンツの人気を後押ししている。ガンツは二〇二〇年の大連立の際、新型コロナウィルスという国難に対処するため、ネタニヤフとの連立を受諾した過去がある。今回も緊急内閣に参加したことで、極右政党の存在を理由に参加を拒否したラピードとは一線を画し、国家の危機の際、党派性に左右されず頼れる政治家としてのイメージを確立させていった。これが、一〇月七日以降離れた反ネタニヤフの主に右派層の人心を摑むことになったのだと考えられる。

ただし、ガンツが一〇月七日以降離れた反ネタニヤフ票をまとめ切れているかと言えば、そうとは限らないことも世論調査から窺える。まず、一〇月一三日のマアリーヴの世論調査では、首相適任度合いにおいてガンツは四八％を獲得し、ネタニヤフの二九％を大きく引き離している（*Ma'ariv*, Oct. 13, 2023）[7]。しかし、続く「戦争後誰に首相になってほしいか、ネタニヤフかあるいは他の誰か」という質問では実に六六％の人が他の誰かと答え、ネタニヤフと答えた人は二一％となっている。このことから分かるのは、ネタニヤフではない誰かと答えた人の中には、一定数ガンツではない誰かを求めている層がいる、ということである。

さらに、後述するように、各種世論調査では、もし仮にほかの右派有力政治家がそれぞれ新党を立ち上げた場合の議席数の予想も公表している。他の政治家が新党を立ち上げたいずれの場合も、軒並みガンツ率いる政党の得票率は下がり、一〇月七日以前の水準になるという予想となっている。このことから、一〇月七日以降離れたネタニヤフ支持層が、ガンツではなく他の右派の政治家に流れる可能性は十分にあり得る。

ガンツやラピードといった既存の反ネタニヤフを掲げる政治家以外でポスト・ネタニヤフとして最初に注目された政治家が、元首相で政界を引退していたナフタリ・ベネットである。ベネットは、一〇月七日以降、国内外で現在の状況について積極的に発言し、政治的存在感を増していた。一一月三日に行われたマアリーヴの世論調査では、もし仮に現状の政党に加えナフタリ・ベネットを党首としたリベラル右派政党が出馬した場合、一七議席を獲得し、国家陣営に続いてリクードと同着の第二党になるだろうと報じている（*Ma'ariv*, Nov. 3, 2023）。

一〇月七日からおよそ一カ月半が過ぎた一一月の後半になると、さらにポスト・ネタニヤフについて世論の関心は移ろう。マアリーヴは、ネタニヤフの後にリクードの党首になるべきなのは誰かを聞いたところ、元モサド長官のヨスィ・コヘンが、政治家でないにもかかわらず、ギドオン・サアル、ヨアヴ・ガラント、ニル・バルカットの他の有力な右派政治家を抑え、二一％の支持を集めている（*Ma'ariv*, Nov. 17, 2023）。一方で、リクード支持層に限って言えば元エルサレム市長のニル・バルカットがヨスィ・コヘンと二六％で拮抗している。

ポスト・ネタニヤフに関して、一一月一六日に行われたテレビチャンネルN12の世論調査は、それぞれの有力政治家が新党を結成した場合の議席数を予想している。この世論調査によると、ヨスィ・コヘンが新党を結成した場合一二議席を、ナフタリ・ベネットの場合は一七議席を獲得するだろうと予測している（N12, Nov. 16, 2023）。いずれの場合も、現状の政党のみを含めた議席予想に比べると、リクードの議席獲得予想がほとんど変わらず、国家陣営の議席獲得予想が大幅に減っている。このことから、一〇月七日の越境攻撃で離れたネタニヤフ支持層が、これらの人々へ一定の期待をしていることが分かる。

また、ネタニヤフ政権の対パレスチナ政策に批判的で、二国家共存案を支持する左派陣営においても、政治的な地殻変動が起きている。越境攻撃からちょうど二か月となる一二月七日、労働党の党首でクネセト議員あったメラヴ・ミハエリは、次期党首選への不出馬と政界引退を表明した。

この背景には、直近の労働党の支持率の低迷と、その支持率の低迷の主原因である前回選挙におけるミハエリのメレツとの合併拒否の方針がある。かねてより、イスラエルのシオニスト左派である労働党とメレツの二つの政党は、その投票層の重なりが指摘され、両党の合流或いは両党合同の候補者リスト形成が話題に上がっていた。これは、両党とも支持率が低迷し、三・二五％の最低得票率ギリギリの得票率だったからである。

歴史的に見れば、労働党はイスラエル政治の中心を担ってきた。しかし、一般にイスラエル経済の新自由主義化として知られる一九八〇年代の経済の自由化とイスラエル独特の労働組合であるヒスタドルートの衰退は、これまでその組織力に依存していた労働党の支持基盤を徹底的に瓦解させた。この労働党の支持基盤の瓦解により、一九九〇年代の労働党政権を最後に、左派を中心とした政権がほとんど与党にならず、イスラエルの右派が政治的影響力を増してゆく状況に拍車をかけていた。この左派の不人気と支持基盤の低迷の中で、左派のメレツと労働党は党勢回復の戦略の見直しを強いられていたのである。

このような長期的な左派の不人気という両党の状況の中で労働党の党首に就任したのが女性でフェミニストであることを公言するメラヴ・ミハエリであった。彼女はメレツとの合流を否定したが、最終的にこの方針は、二〇一九年からの四度の選挙に代表される政治的混乱の中で、左派にとって最悪の結果をもたらした。

四度の選挙の中で労働党とメレツは共同の候補者リストを作成したりもしたが、その中でも支持率は低迷、四度目の選挙の際には、世論調査では三・二五％の最低得票率ギリギリであった。最終的に、労働党は最低得票率を薄氷の差で通過し四議席を獲得するものの、メレツは三・一六％でクネセトでの議席を失うこととなった。このメレツの退場により、ネタニヤフを首班指名する現在の与党右派勢力が一二〇議席の過半数である六三議席を集めることができたのである。

そのため、メラヴ・ミハエリはその責任を厳しく追及されることとなった。直近の世論調査ではメレツへの支持が伸びる一

図2　これまでに登場した有力な政治家のすべてが新党を結成し、
もし仮に今日選挙があった場合の議席数予想（全体120議席）

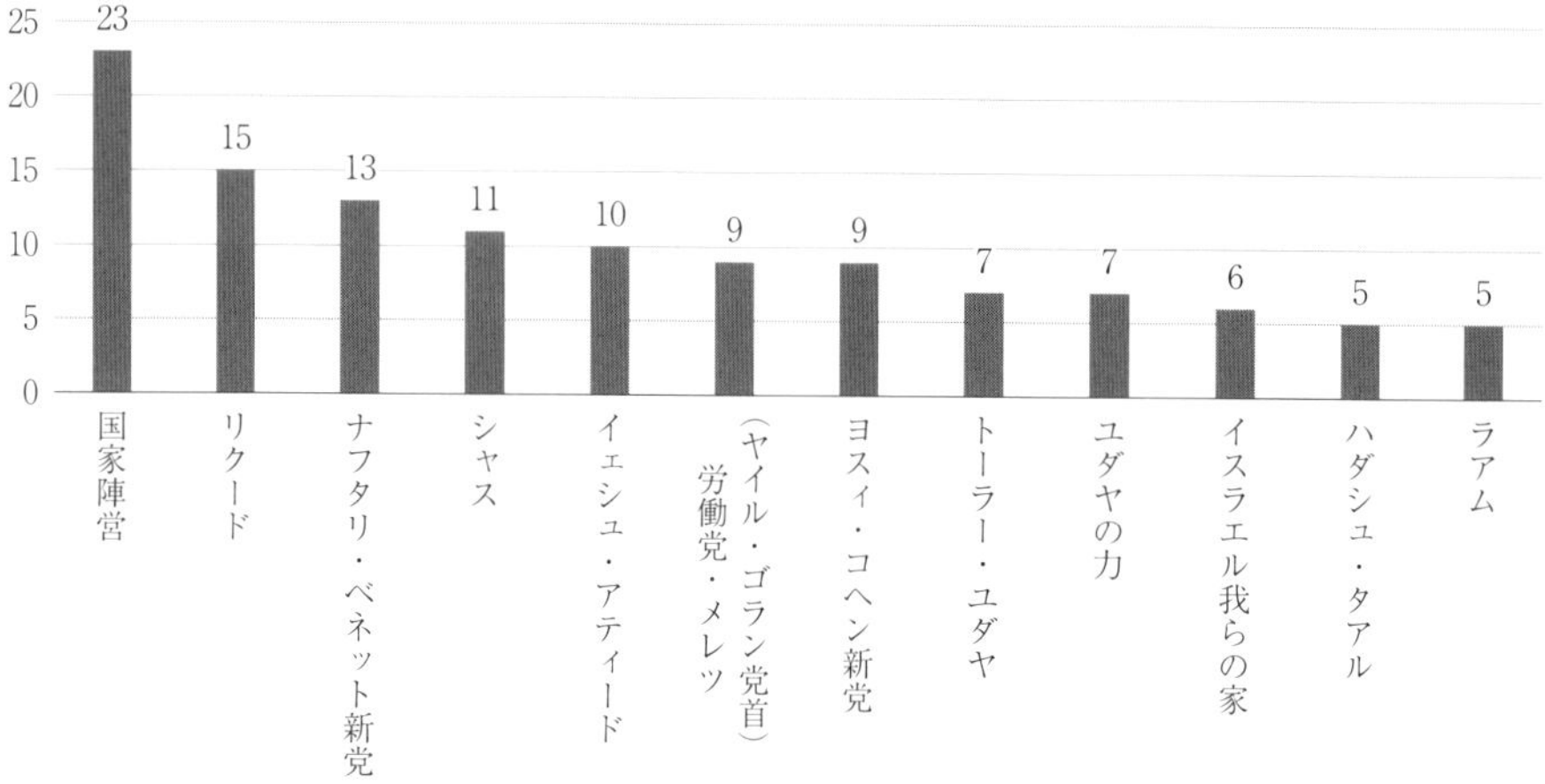

（出所）（N12, Dec. 18, 2023）を参考に筆者作成。

方で、労働党に対する支持率はわずか二・二%で、ミハエリの辞任と労働党とメレツの合流を求める声が大きくなっていた。この状況の中でイスラエル左派に期待されたのが、元イスラエル国防軍副参謀総長で元メレツ所属クネセト議員であったヤイル・ゴランである。ゴランは一〇月七日にハマースによる奇襲攻撃があると知るとすぐに南部へ向かいハマース戦闘員と交戦、複数のイスラエル人を救出した。このことがメディアで讃えられ、ゴランは頼れる勇敢な人物としての評価を得る。そこからゴランは社会的・政治的発言力を増し、ゴランを党首とした労働党・メレツ統一候補者リストへの待望論が盛り上がったのである。一一月末に行われた世論調査では、もしゴランを党首とした労働党・メレツの統一候補者リストを加えて選挙が行われた場合、九議席を獲得することが予想されている（N12, Nov. 16, 2023）。また、一二月初めの世論調査では、同様の質問に対し一二議席の獲得予想と、イスラエル左派の人々の期待の高まりがうかがえる（Reshet 13, Dec. 11, 2023）。

一二月一八日には、ベネット、コヘン、ゴランの有力政治家を加えた仮想の議席予想を行っている。これらを見ると、ポスト・ネタニヤフについて世論が誰にどの程度期待しているかが分かりやすい（図2を参照）。

5　国際世論との乖離と戦闘後のガザ地区の運命

今回の地上戦では、イスラエルの攻撃の苛烈さに対する国際的な反発とパレスチナを支持する大規模なデモが世界各地で観測されている。こうした国際的な規範あるいは諸外国との関係性をイスラエル世論はどのように捉えていたのであろうか。各種の世論調査を見ると分かるのは、国際世論や国際法を時に顧みず自らの安全性を重視する強硬派が一定程度存在することだ。例えば、一〇月一七日から一九日までに行われたライヒマン大学自由と責任研究所による世論調査では、国際法をどの程度順守するべきかについて質問が及んでいる（*Ha-Makhon Le-Herut Ve-Ahrayut*, 2023）。「イスラエルがハマースと戦っている時、国際法を順守しなければならない」という考えに対しては、「とても賛成する」、「ある程度賛成する」がそれぞれ三六％、二二％なのに対し、四二％の人が「ほとんど賛成しない」と答えており、国際法を重視しない考えの人々が相当数いることが垣間見える。

北部への地上作戦が行われている最中の一一月一〇日に行われたマアリーヴの世論調査では、早くも戦闘後のガザ地区をどうするかについての質問を行っている（*Maariv*, Nov. 10, 2023）。それによれば、ハマース降伏後のガザ地区の運命について、イスラエルが地区の統治をし続けると答えた人は四四％に上った。そのうち、治安管理のみに限定すると答えた人は二二％、入植を含む管理の仕方を望むと答えた人は二二％で真っ向から割れている。さらに、イスラエル軍の地区からの撤退を望むと答えた人は全体の四二％で、そのうちパレスチナ自治政府の返還と答えた人はわずか八％で、国際的な管理を望む人々が三三％となっている。軍事作戦後のガザ地区についてイスラエル世論は統一した見解を持たず意見が割れているが、パレスチナ自治政府への返還がわずか八％しかいなかったことから分かるように、多くのイスラエル人がパレスチナ自治政府を信用しておらず、もし返還した場合自らに再び脅威が訪れるのではないかと考えている人が多いものと推測される。

一一月一六日に行われた世論調査でも、ガザ地区の運命について聞いている（N12, Nov. 18, 2023）。「戦闘の終了後ガザについてどうするべきか」という質問に対して、三二％の人が永続的な軍の駐留と入植の再開を望み、三〇％の人が国際的な組織への権限の移譲を望んでいる。一方でパレスチナ自治政府への権限の移譲を望む人は一〇％に留まり、パレスチナ自治政府への不信がここでも見受けられる。また、より直接的に入植に賛成かどうかを聞いた質問に対しては、四四％が賛成、三九％が反対と、意見が二分される結果になっている。さらに興味深いことに、この調査では「この戦争によって自身の政治的立場に変化があったか」を聞いている。過半数である五三％の人は変化がないと答えた一方で、三六％が「より右寄りに変わった」と答え、「より左寄りに変わった」の六％を大きく上回っている。この戦争でイスラエル世論がさらに右傾化・硬化していることが読み取れる。

一二月五日に公表されたイスラエル民主主義研究所の世論調査では、「アメリカの援助を受け続けるために、イスラエルは二国家解決案の方針を進めることに同意する必要がありますか」という質問を聞いている（*Ha-Makhon Ha-Yisra'eli La-Demo-*

qratyah, Dec. 5, 2023)。これに対しては、ユダヤ人の実に五二%が「その必要はない」と答え、「必要がある」と答えた三五%を上回った。

　さらに一九日に公表された世論調査によれば、「ガザ地区における戦闘継続の企画立案においてどの程度パレスチナ人市民の苦痛を考慮する必要があるか」という質問に対し、イスラエル人のユダヤ人の回答者の間では、四〇%が「非常に少ない程度」、四一%が「やや少ない程度」と答えている（*Ha-Makhon Ha-Yisra'eli La-Demoqratyah*, Dec. 19, 2023)。実に八〇%の人々がガザ地区の市民の苦痛を考慮する必要はないと考えていることになる。このように、イスラエルの世論の中には、この戦争において対パレスチナ感情は非常に硬化していることが分かる。

　また他の質問からもこの国際世論との乖離が読み取れる。反イスラエルのデモが世界各地で広がっている理由を聞いたところ、ユダヤ人の六二%の人が「イスラエルへの憎悪と反ユダヤ主義的立場」と答え、「ガザ地区のハマースとの戦争における破壊とパレスチナ人への傷つけ」の七・五%を大きく上回っている（*Ha-Makhon Ha-Yisra'eli La-Demoqratyah*, Dec. 19, 2023)。イスラエル人のうち、ユダヤ人の多数は自らに向けられた国際社会からの批判の原因は自らの行いによるものではなく、反ユダヤ主義と差別的意識から来るものと捉えているのである。

おわりに

各種の世論調査が既に示している通り、一〇月七日の越境攻撃はイスラエル社会の構造を大きく変化させた。現時点でのイスラエル政治は、二つの「将来の不透明さ」に直面していると言うことができる。一つはポスト・ネタニヤフをめぐる国内的な将来への不透明さ、二つはパレスチナとの和平交渉という外交的な将来への不透明さである。

　一つ目に関して、一〇月七日の越境攻撃はこの一〇年の間イスラエル政治の中心にい続けたネタニヤフの政治生命を窮地に追いやった。それは、越境攻撃を未然に防げなかったという安全保障上の失態だけでなく、一〇月七日以前の政治的混乱に今回の越境攻撃の遠因があるという政治的失態にまで及ぶ根深い批判である。ガザへの地上作戦にネタニヤフの政治生命がかかっており、何かしらの成果を上げることに躍起になっているということは、現在行われている地上作戦のイスラエル側の強硬姿勢を説明する一つの要因となりうるだろう。

　こうしたネタニヤフへの厳しい視線は、既にポスト・ネタニヤフの議論を加速させている。しかしながら、ポスト・ネタニヤフが誰になるかについて統一的な見解が取れていないのも現状である。ナフタリ・ベネットやヨスィ・コヘンなどの有力政治家が嘱望されていることが世論調査から窺えるものの、リクードの次期党首に誰がふさわしいかという質問に対しては、およそ「分からない」と答えた人が多いことにも表れている。さらに、反ネタニヤフの旗手として躍り出た野党党首のガンツも、ポスト・ネタニヤフを求める人々の支持を固めたというわけではない。このように、ポスト・ネタニヤフの議論は現時点では混とんとしており、不透明である。

　さらに、越境攻撃から二カ月が経とうとしている現時点では、イスラエルの世論は安全保障とパレスチナ問題について非常に態度が硬化していることが分かる。このことは、ガザ地区の人道危機を意に介さず、また国際法を必ずしも重視しないイスラエル人が一定数存在するという世論調査の結果から見て取れる。さらに、パレスチナ自治政府に権限を委譲することを望むイスラエル人がわずか八%しかいないことから分かるように、現状でのパレスチナとの和平交渉やそのための譲歩は絶望的な状況である。また、戦闘が終わった後のガザ地区の行方に関しても、イスラエル世論はイスラエルが統治を続けるのか、それとも撤退するのかに関して統一した意見が見いだせていない。事実、一二月一九日にイスラエル民主主義研究所が公表した世論調査によると、実に六四%のイスラエル人が、「政府はガザでの戦争の後の明確なプランを持っていない」と答えている（*Ha-Makhon Ha-Yisra'eli La-Demoqratyah*, Dec. 19, 2023）。

　イスラエルでは、社会的・政治的にいろいろなことが整理されていないイスラエルの現状をよく「バラガン（カオス・無秩序）」と表現する。一〇月七日以降の状況は、それまでの国内の政治的対立に加えて、それ以前は比較的安定していたと思い込んでいたパレスチナ問題が最重要課題として再び突き付けられ、さらなるバラガンに突入している。

（1）　イスラエルは一院制で国会に相当する会議体は「クネセト」と呼ばれる。クネセトは一二〇議席から成り、選挙制度は完全比例代表制である。また最低得票率も三・二五と低いため小党乱立となりやすく、結果的に単独過半数を取った政党はイスラエル史上存在せず、常に連立政権となる。

（2）　「国家陣営」は厳密には一つの党ではなく、複数の政党からなる統一選挙リストである。イスラエルではこのように複数の政党が統一の選挙リストを構成する場合がしばしばあるが、本稿ではそのリストごとに「野党」「与党」と表現している。

（3）　イスラエルの諜報機関として最も有名なのはモサドだが、イスラエルには「モサド」、「シャバク」、「アマン」の三つの諜報機関がありそれぞれ役職が異なる。モサドは、イスラエル国外での要人の暗殺など、主に国外の諜報活動を行う組織である。一方シャバクは、シン・ベトとも呼ばれるが、パレスチナ問題や国内情勢、治安に関わる全般の事柄に関して主に国内で諜報活動を行う機関である。また、「アマン」は軍事に関わる専門の諜報機関である。

（4）　この背景には、ハイテク化し、地域最強と呼ばれるイスラエル国防軍の実力への高い信頼性だけでなく、軍が社会において身近であることも影響していると思われる。イスラエルは男女ともに徴兵制を課している数少ない国であり、街中でも軍服を着、銃を装備した兵士を目にすることが多い。そのため、軍が身近に感じられている。

（5）　緊急内閣は、既存の与党に加えて「国家陣営」の議員を加えたものであるが、実質的には首相のビンヤミン・ネタニヤフに加え、国防相のヨアヴ・ガラント、ベニ・ガンツの三人からなる小規模の意思決定機関の設置が主な変化である。「国家陣営」所属の議員で元軍参謀総長のガディ・アイゼンコット、リクードのロン・ダーマーもオブザーバー参加している。

（6）　図1には、スモトリッチの政党である宗教シオニズムの議席数の予想も載せているが、一二月の頭頃から最低得票率を下回り〇議席となるか、最低得票率をわずかに上回って四議席になるという予想が続いている。

（7）　この二か月の間、後の調査でも一貫してガンツがネタニヤフに水をあけている状態が続いている。

4 ガザの陰に隠れた苦境
――イスラエル、東エルサレム、西岸のパレスチナ人

山本健介
（やまもと　けんすけ）
静岡県立大学講師
専門は中東地域研究
著書に『聖地の紛争とエルサレム問題の諸相：イスラエルの占領・併合政策とパレスチナ人』（晃洋書房）、論文に「聖域をめぐるパレスチナ人の怒り「アクサーの大洪水」を生んだもの」（『現代思想』二〇二四年二月号）などがある。

はじめに

「川から海まで、パレスチナに自由を（From the river to the sea, Palestine will be free）」。パレスチナ人の民族解放運動のなかで一九六〇年代頃から使われてきた言葉であるが、ハマースがイスラエルを襲撃した一〇月七日以降、欧米諸国のパレスチナ連帯デモにおいても頻繁に聞かれるようになった。そこに込められたメッセージは、東はヨルダン川から西は地中海に至る歴史的パレスチナ全土――イスラエルが自国領として扱う地域と一九六七年の第三次中東戦争における被占領地（西岸地区とガザ地区）――で不義や圧政からの解放が実現されることである。

おそらく今日このスローガンの強調点はそれを使用する主体と文脈によって様々であろう。たとえばこの言葉を使って、パレスチナ人の民族的権利が被占領地における独立パレスチナ国家の創設に矮小化されがちな論調を批判し、歴史的パレスチナに「世俗的・民主的パレスチナ国家」を樹立する構想（かつてパレスチナ解放機構〔PLO〕が掲げた目標）を再び議論の俎上に載せることもできる。また、同様に、被占領地の将来像ばかりに国際的な関心が集中する現状に対して、イスラエル領内の故郷に対する帰還権を忘れないでほしいと願う難民も居るだろう。さらには、歴史的パレスチナの各地に住むパレスチナ人が、居住地や法的地位による違いはあっても何らかの形でイスラエルの支配に苦しめられているという共通性を強調し、全体的な支配・被支配構造の変革を訴える向きもある。

本章は、一〇月七日以降にガザ地区を主戦場とする武力紛争が国際的に脚光を浴びるなか、その陰で、イスラエル国内や東エルサレム、西岸のパレスチナ人がどのように紛争下の非常事

態を経験したのかを明らかにする試みである。つまり、それは、歴史的パレスチナの様々な場所で、様々な形で、イスラエルという存在と対峙するパレスチナ人の姿に目を向けることであり、「川から海まで」のスローガンに引き付けて言えば最後に挙げた側面と関心が近い。

パレスチナ人が共通の経験に基づく民族的な一体性を持ちつつ、長きにわたる紛争のなかで実に多様な環境下に置かれ、様々に異なる現実を生きてきたことは広く知られている。他方で、その具体的な諸相が同時に描かれることは少なかったように思われる。本章では、一〇月七日以降の戦争の影響がイスラエル国内や東エルサレム、西岸のパレスチナ人に波及していく様子を描出し、歴史的パレスチナ全土を俯瞰する見地から、彼らが置かれた境遇の共通点と相違点を明らかにしていきたい。

1　パレスチナ人の多様な境遇

はじめにパレスチナ／イスラエルに暮らすパレスチナ人が様々な法的地位と政治状況に置かれていることを確認しておきたい。一〇月七日以降にイスラエル国内や東エルサレム、西岸に住むパレスチナ人が被った苦難は、様々な形態を取ったが、その背景にあったのは以下で概観するような法的、政治的な境遇の違いである。

(1)　ホームランド・マイノリティのパレスチナ人

第一に扱うのは、イスラエル領内で暮らすパレスチナ系市民である。イスラエル人口の約二割を占める彼らは、一九四八年のイスラエル建国においてその国内に位置する故郷を離れなかった人びと、そして、戦闘の際に避難したもののその移動先がイスラエルの領土に入った人びとから主に構成される。彼らには、一九五〇年代にイスラエル市民権が付与されたが、一九六六年までは軍政下に置かれ、政治・社会生活に様々な制限が課せられていた。一九七〇年代頃から在外パレスチナ人の祖国解放運動であるPLOの活動が盛んになると、イスラエル国内のパレスチナ系市民も徐々に民族感情を強めていった。だが、一九九三年にPLOとイスラエルが結んだオスロ合意やその後の和平プロセスにおいて見られたように、パレスチナ問題の将来をめぐる議論が一九六七年の占領地に限定されていく傾向があるなかで、イスラエル国内のパレスチナ人は議論の枠外に置かれてしまうことも多かった。そのような経緯もあり、彼らのあいだには、パレスチナ人としての帰属意識も保持されつつ、イスラエル国内に暮らし今後もそこに住み続ける者としての自己意識が強く持たれている（Nasasra 2019）。

イスラエル国家は、民主主義の理念を国是に据えつつ、ユダヤ人を基盤とする民族国家としての自己規定を持ち合わせており、その統治においては法的・社会的・文化的なレベルでパレスチナ系市民への差別が常態化している。彼らは他地域に住むパレスチナ人と一連の存在でありながら、「敵国」たるイスラエル国内に居住する市民として特殊な境遇に置かれ、先住の民族的少数者という「ホームランド・マイノリティ」の立場に起因する諸課題を抱えている。

（2）国家の狭間で生きるパレスチナ人

次に取り上げたいのは、東エルサレムに住むパレスチナ人である。その数は三五万人ほどに及び、エルサレム市の人口の四割ほどを占める。東エルサレムは、旧ヨルダン領のエルサレム市域に周辺村落部を加えた領域を指す。国際法の観点から見れば、ヨルダン川西岸地区と同等の占領地であるが、一九六七年以降、イスラエル政府はこの地区を自国のエルサレム市に併合する政策を進めてきた。

他方で、イスラエルは「首都」エルサレムのユダヤ性を維持するという思惑から、大量のパレスチナ人を市民として統合することを嫌い、東エルサレムの住民には市民権ではなく居住権を付与した。居住権を持つパレスチナ人はイスラエル市民と同じ法制下で税金の支払い義務などを果たす代わりに公共サービスを得ている。その点で表面的にみれば一般市民と近いが、国政への参加は禁止されているほか、イスラエルのパスポートを取得することもできない。そもそも居住権は、生来の権利とも言うべき市民権とは異なり、イスラエル政府の視点から見れば「恩恵」として与えられており、市民権よりも恣意的な剝奪が容易である。

国家と完全な市民の関係を「実線」で表現するとすれば、イスラエル政府と東エルサレム住民の関係は「破線」に過ぎない。また一九九三年のオスロ合意の規定により、東エルサレムのパレスチナ人は自治政府の国政選挙に参加することはできるが、イスラエルはあくまでもエルサレム市全域を自国領として扱っており、そこでの自治政府の活動を原則的に禁止している。つまり、自治政府の法律や政策が東エルサレムのパレスチナ人に直接関係することはなく、彼らと自治政府の繋がりは極めて希薄である。東エルサレムのパレスチナ人は、二つの国家の狭間で十全に帰属する政府を持たない「宙づり」の状態にある。

（3）占領と独裁の二重統治を生きるパレスチナ人

第三に扱うのは、ヨルダン川西岸地区（以下、西岸地区）とガザ地区に住むパレスチナ人である。一九四八年の第一次中東戦争後は、それぞれヨルダン、エジプトによって支配されていたが、一九六七年の第三次中東戦争でイスラエルの占領下に置かれた。一九九四年に在外のパレスチナ指導部を主力とするパレスチナ自治政府（PA）が設立されて以降、ヨルダン川西岸地区とガザ地区に住むパレスチナ人は、名目上、自治政府の市民となり、IDカードやパスポートも発給された。だが、自治政府は完全な主権国家ではなく、徴税などをはじめとした国家の根幹に関わる機能はイスラエル政府の手に残されており、西岸地区やガザ地区のパレスチナ人は実質的に被占領民としての生活を余儀なくされている。

また、一九九三年のオスロ合意における暫定自治の枠組みでは、西岸地区とガザ地区のなかでも自治政府の管轄下に置かれるA地区以外に、イスラエル政府と自治政府の共同管理下に置かれるB地区、イスラエルが単独で管理するC地区が設定されており、後者二つが全体の八〇%ほどを占めている。オスロ合意の和平プロセスでは交渉を通じて自治政府の自治領を拡大させていくという理念が掲げられてはいたが、将来的な独立国家の建設が保証されていたわけではなかった。特に二〇〇〇年にパレスチナ人の民衆蜂起アクサー・インティファーダが発生し、和平交渉が頓挫すると、暫定自治の枠組みが固定化されることになった。

西岸地区とガザ地区の今日における政治環境を規定する重要な出来事は、二〇〇六年に行われた自治政府の立法評議会選挙である。そこでイスラーム主義組織のハマースが勝利を収めたが、この選挙結果を受け入れないイスラエルや欧米諸国はパレスチナ自治政府との外交関係を見直す方針をとった。それまでの与党でPLOの中核を占めるファタハとハマースの内戦が発生し、二〇〇七年以降、パレスチナ自治区はファタハが統治する西岸地区とハマースが統治するガザ地区に分断された。二〇〇六年の議会選挙を最後に国政の選挙は実施されておらず、民主的な合意や法の支配に基づかない実効支配が敷かれている。こうした状況下で、両地域のパレスチナ人は、イスラエルによる占領支配と（西岸地区の場合はA、B、C地区ごとに濃淡はあるが）自治政府の権威主義的な支配の二重性に苦しめられ、複合的な政治課題を抱えている。

2　イスラエル国内のパレスチナ人と「10・7」

（1）非寛容な言論空間と政治的権利の制限

一〇月七日以降、イスラエル国内のパレスチナ人が直面した苦境は、表現の自由に対する厳しい制限やそれに伴う社会的不利益、さらには政治的な権利の抑圧などに象徴される(1)。イスラエル国内でパレスチナ人への法的支援を行うNGOのアダーラによると、一〇月七日から一ヶ月での逮捕件数は二五〇件以上で、その半数はSNSでの言動に関連していた（Adalah 2023a）。これは二〇二一年五月に国内で多発したユダヤ人とパレスチナ人の暴力的衝突で逮捕されたパレスチナ人の数に匹敵する規模である。

アダーラを含む人権団体が問題視したのは、政府が危険視する発言内容が広範囲に及び、その判断基準も曖昧であるために、パレスチナ人の市民的な自由が侵害されていることである。たとえば、イスラエル軍の爆撃に晒されるガザのパレスチナ人との連帯を表明した投稿がテロリスト擁護として事情聴取の事由とされたり、クルアーンの一節やアラビア語の祈禱文などの投稿がハマースへの支持を示唆するといった理由で問題視されたりする多々ケースがあった。いずれも本来であれば表現の自由の範囲内で認められるべき言動であろう（Adalah 2023a）。

警察による捜査に加えて、少なからぬパレスチナ人が職場や学校などでも不当な扱いを受けた。ここでもSNSでの言動が取り沙汰されるケースが多く、曖昧な基準で危険人物とみなされたパレスチナ人が停職や解雇を言い渡される事例は職種にかかわらず発生した。一〇月七日以降の一ヶ月でアダーラのもとにはイスラエル国内のパレスチナ人から雇用の停止などに関わる一〇〇件近くの相談が持ち込まれた（Adalah 2023a）。さらに、イスラエル国内のいくつかの大学では、SNSでの言動によってパレスチナ人の学生に停学や退学の処分が下された。アダーラが把握しているだけでも一〇月七日から一ヶ月で一〇〇人以上の学生が自らの通う教育機関から言い渡された処分に関する相談を申し出ている（Adalah 2023a）[2]。

一〇月七日の衝撃から、イスラエル政府やユダヤ系市民は、ガザ攻撃における市民の巻き添えへの抗議やガザに住むパレスチナ人への同情、集団的懲罰や戦争犯罪への反対など、多種多様な意見表明を「テロリストの支援」や「テロの扇動」といった非難の対象に含めるようになっている。パレスチナ人のありとあらゆる言動をオンライン、オフラインで監視し、内容を十分に精査することなく危険視する風潮の広がりは「魔女狩り」や「赤狩り」に近い様相を呈している[3]（Glazer and Mashiach 2023; Patel 2023）。

SNS空間をはじめとする言論の自由の制限は、デモや抗議行動を行う政治的な権利の侵害とも結びついていた。それは一〇月一八日にイスラエル警察長官のコビ・シャブタイが次のように発言したことからも示唆される。「イスラエル市民でいたい人は誰でもアハラン・ワ・サハランだ〔アラビア語で「ウェルカム」の意〕。ガザに共感する人も歓迎するよ。今すぐにでもガザに向かうバスに乗せて、そこに行くのを手伝ってやろう」（Spiro 2023）。アラビア語の公式TikTokチャンネルでも流されたこのメッセージが、ガザのパレスチナ人と連帯するパレスチナ系市民を萎縮させる狙いで発せられたのは明らかだろう。事実、彼はこの発言とともに、ハマースを支持するようなデモ、国家の外交や安全保障政策を批判するようなデモは「扇動行為」であると述べて全く許容しない姿勢を示した（Spiro 2023）。同様の発言は警察の広報担当者からも見られ、人権団体や検事総長などから痛烈な批判が浴びせられたが、実際にパレスチナ人が企画する抗議活動や連帯デモはその形態にかかわらず厳しく制限された（Zvi 2024）。公共の秩序を乱す懸念や人員の不足といった理由から、警察がデモの許可を出さないケースが多々見られたほか、デモを企画する活動家や政治家に対する取り調べなども頻繁に行われた。

（2）テロ対策と市民権剥奪の機運

パレスチナ人の市民にとって不安材料と言えるのは、前述のような市民的・政治的な自由の侵害が治安対策の強化を目指す法律制定の動きと連動している点である。その意味で彼らの経験している苦境は戦時下という非常事態に見られる一過性の混乱では済まされない深刻さをはらんでいる。

一〇月七日以降にイスラエル国内でパレスチナ人の取り調べや逮捕の根拠となっているのは、二〇一六年に成立した「反テロ法」である。この法律では防衛大臣が「テロ行為」や「テロ組織」を認定する権限を持ち、テロ組織やテロ行為との連帯を示すだけでも罰の対象となる。テロ行為の定義には、政治的、宗教的、民族主義的またはイデオロギー的な動機による実行であること、公衆に恐怖やパニックを引き起こすことなどが挙げられているが、「テロ組織」や「テロ行為」の定義が広範かつ曖昧であることは法律の可決当初から批判の種になってきた。主に標的として想定されているのはパレスチナ人であると考えられており、実際に二〇二一年一〇月にはパレスチナ人が運営する六つの人権団体が「反テロ法」におけるテロ組織として名指しされた（Adalah n.d.）。

さらに、二〇二三年一一月には、「反テロ法」の処罰対象に関する修正条項として「テロリスト出版物の体系的、継続的な消費」が追加された。対象となる出版物はテロ行為の呼びかけや称賛、奨励などが含まれているものであり、それに対する支持や共感が示唆される個人が取り締まりの対象とされている。法律のなかでハマースとイスラーム国（ＩＳ）が名指しで言及されていることから、パレスチナ人が主な標的として念頭に置かれていることは自明である。人権団体などから強い警戒感が示されたのは以下の三点からである。第一に、処罰対象となる「体系的、継続的な消費」の基準が曖昧であるためにパレスチナ人の逮捕が大幅に容易化されること、第二に、具体的なテロ行為の計画などを伴わない「思考」「感情」そのものを取り締まろうとすること、第三に二〇一六年の「反テロ法」ですでに念頭に置かれていたＳＮＳ上での言論統制と国家権力による監視強化を促進することである（Adalah 2023c ; 7amleh 2023）。

広範で曖昧な基準で「テロ行為」を取り締まろうとする法律はそれ自体がパレスチナ人にとって恐るべきものであるが、さらに憂慮すべき事態として、イスラエル国内では、「テロリスト」の市民権剝奪を可能にする法律が二〇二三年二月に施行された。すでに二〇〇八年の市民権法改正で、「忠誠なくして市民権なし」の標語のもと、テロ行為やスパイ行為、敵国での永住権取得などを含む「国家に対する背信」を理由として市民権の剝奪が可能になっていたが（Adalah 2022）、二〇二三年二月の改正では、新たな条項で以下の条件を満たす個人の市民権剝奪が可能とされた。第一は前出の「反テロ法」におけるテロ行為または刑法九七条から九九条の反逆行為で実刑判決を受けたこと、第二は「国家に対する背信」に関連してパレスチナ自治政府から金銭的な手当を受けたことである。特筆すべきこととして、以前は市民権を剝奪される個人が他国の市民権や永住権を持たない場合にイスラエル国内の居住権を付与されることになっており、最高裁が二〇〇八年の修正条項を合憲と見なす上でもこれが条件となっていたが、二〇二三年二月の改正ではヨルダン川西岸地区かガザ地区への追放処分が可能になった（Adalah 2023d）。

さらに危険な兆候として、二〇二三年一一月に内務大臣のモシェ・アルベルはテロ組織への支持やテロ行為の扇動を行った個人の市民権剝奪を可能にする法案を新たに検討中であると発表した。彼は「この法案はハマースとナチスを支持する者たち全てに我々の仲間ではないとはっきり言うものだ」と述べており、法務大臣と共同で一〇月七日以降のような特殊な国内状況に必要な法案として作成を進めていると明かした。処罰対象となる行為のなかにはテロ行為やテロ組織の称賛や支持、連帯の表明など多種多様なものが含まれる予定であり、これまでに論じてきたような表現の自由の制限やテロ対策の過度な拡張といった傾向と軌を一にしている（Adalah 2023e）。

市民権の剥奪は民主主義の国家として奥の手とも言うべき重い措置であり、イスラエルの最高裁判所は市民権剥奪を例外的な場合に限定する姿勢を示している（Adalah 2022; 2023d）。そうであっても、テロ関連の処罰対象が拡大を続けるなかでそれが市民権剥奪と結び付けられていく状況は、その主な標的であるパレスチナ人にとって深い懸念材料となるだろう。市民権の剥奪をも視野に入れたパレスチナ市民に対する排外主義的な態度は、ユダヤ民族のための国家という側面を何よりも強調するユダヤ至上主義的な政策展開の一部であり、二〇一〇年頃から指摘されてきた右傾化傾向の極限的な発露であると言える。

3　東エルサレムのパレスチナ人と「10・7」

(1) 治安管理としての行動制限

イスラエル居住権を付与されて生活している東エルサレムのパレスチナ人は、法的立場として見れば、イスラエル市民であるパレスチナ人とヨルダン川西岸の被占領民として生きるパレスチナ人の中間に位置する。そのことも作用して一〇月七日以降に東エルサレムのパレスチナ人が直面した状況は両者の折衷であった。

ハマースによる奇襲攻撃が明らかになった直後から、東エルサレムのパレスチナ人はエルサレム市内の居住地域間の移動と、西岸地区や分離壁の東側との移動を厳しく制限された。

たとえば、東エルサレムのなかでもパレスチナ人が集住している地域の出入り口となるような道にコンクリート製のロードブロックが置かれ、車両での外出に支障をきたす状況が生まれた。また臨時の簡易検問所が東エルサレムの各所に設置され、行き交うパレスチナ人の車両や歩行者にIDカードの提示を求めるなど住民管理の強化が行われた。一〇月七日から一ヶ月以上が経っても、いつもは買い物客などで賑わう東エルサレムの目抜き通りサラーハッディーン通りでさえ人気がまばらな状態が続いた（Buxbaum 2023; Kuttab 2023）。

東エルサレムでも特に厳しく行き来が制限されたのは旧市街である。一〇月七日以降、イスラエル治安当局は旧市街に居住するパレスチナ人以外の立ち入りを基本的に禁止する方針をとり、規制は徐々に緩和されたものの一二月になっても旧市街への出入りは若者を中心に厳しく制限されている（Wadi Hilweh Information Center 2023a; 2023b; 2023d）。これにより、旧市街に商店やオフィスを持つパレスチナ人のほか、宗教施設を訪れる信徒や学校に通う学生も自由に旧市街に出入りすることが難しくなった（Kuttab 2023）。さらに旧市街のなかでも多くのパレスチナ人が訪れる聖地ハラム・シャリーフ（神殿の丘）については五〇歳以上のみ入構可能といった年齢制限がかけられた。一〇月から一一月は通常であれば五万人以上の信徒が集う金曜礼拝に五〇〇〇人ほどしか参加できず、一二月末になっても一万人ほどしか参加できていない（Wadi Hilweh Information Center 2023a; 2023b; 2023c）。ムスリム参拝者をはじめとして、旧市街にパレスチナ人が入れなくなることで大きな打撃を受けたのは旧市街の商店街である。一〇月七日の直後は店主本人が旧市街に入ることを許されないケースもあったが、そうでなくとも買い物客となる通行人がほとんど出歩いていないという厳しい現実が続いている（Jundi 2023; Wadi Hilweh Information Center 2023d）。

東エルサレムのなかでは旧市街の孤立が問題となったが、分離壁の東西にまたがる往来が規制されたことで、東エルサレムという都市空間そのものが孤立を経験した。その状況は、日常的に両地域を行き来してきた人びとの生活に悪影響を及ぼすとともに、そうした人びとに依存してきた都市の機能をも停滞させた。

一〇月七日以降、カランディア検問所やシュアファアート難民キャンプ検問所といった主要な検問所は二週にわたり完全に閉鎖され、検問所が再開された後も開放時間や通行量の制限によって以前と同じような機能は果たしていない（Buxbaum 2023）。これによってまず影響を受けたのは、二〇〇二年に建設が開始された分離壁の東側に住む東エルサレムのパレスチナ人や西岸地区のパレスチナ人である。彼らは日常的に検問所を通って学校や職場、病院などと家を往来してきた。これらの人びとは自らの生活上の必要を満たすために分離壁の西側を訪れていると同時に、医師や看護師、教員、NGOスタッフ、商店主などとして、様々な社会・経済サービスを提供しており、商業施設にとっては重要な顧客でもある（*Jerusalem Story* 2021a）。一〇月七日以降に彼らの往来が途絶えたことは東エルサレム全体にとって大きな損失であったと考えられる。また、彼らのほかに検問所の封鎖と使用規制から影響を受けたのは、分離壁の西側に位置する東エルサレムの地域に暮らしながら、西岸地区にある職場や学校、病院などに通うため、日常的に検問所を通過するパレスチナ人である。先に挙げた二つの集団と同様に分離壁の通過ができなくなったり、通過に膨大な時間を要するようになったりしたことで一〇月七日以前と同様の生活を送ることが難しくなった（Assali and Kuttab 2023）。

一〇月七日以降にイスラエル治安当局が東エルサレム内外でパレスチナ人に移動制限を課したのはおそらくユダヤ系市民の身の安全を確保するためであったと考えられる。東西エルサレムでは、ユダヤ人とパレスチナ人が同じ公共交通機関や商業施設を利用する場面も多く、両者の生活空間が近接している。そのため、ユダヤ人の利害を最優先するイスラエル政府の立場からすれば、情勢の緊張が高まった際にパレスチナ人の行動範囲を制限してユダヤ人との接触機会を少なくするのが妥当である。これまでもエルサレムの近辺などで治安状況が悪化した際にパレスチナ人の行動が様々なレベルで制限されることがあり、イスラエル治安当局の一存で生活に何らかの支障が出ること自体はパレスチナ人にとって日常茶飯事と言って良い。ただし、一〇月七日以降の数週間や数ヶ月で見られた行動の制限は近年稀に見る規模であり、パレスチナ人のあいだでは戦時という非常事態の措置が常態化していくことが危惧されている。

（2）自由な言論・表現の制限

一〇月七日以降、東エルサレムのパレスチナ人はイスラエル国内のパレスチナ人と同じく、言論や表現の自由を規制され、様々な不利益を被った。SNSの監視や拡大的に解釈された「テロ容疑」によって多くの活動家が逮捕される状況はここ数年来のトレンドであったが（Goodfriend 2023）、一〇月七日以降に加速したイスラエル治安当局の厳しい規制はパレスチナ人のあいだに萎縮効果を生んでいる。

曖昧で広範囲に及ぶ発言内容が規制対象となる状況は東エルサレムでも全く同様だった。ガザのパレスチナ人との連帯やクルアーンの一節、アラビア語の祈禱文など、SNS上の広範な内容の投稿が、テロ行為やテロ組織への支持を示唆するという理由で取り締まりの対象とされた（*Jerusalem Story* 2023; Patel 2023）。一〇月七日以降の三週間ほどで東エルサレムでは四〇〇件近くの逮捕があったが、その多くがSNSでの投稿などがテロの扇動にあたるという容疑だったとも言われる（Wadi Hilweh Information Center 2023a）[4]。警察による逮捕だけでなく、勤務先から停職や解雇を言い渡されたり、教育機関で停学や退学の処分を受けたりする事例が見られたこともイスラエル国内と同様である（Patel 2023）。一〇月七日以前から東エルサレムに住むパレスチナ人の失業率は三〇％から四〇％と高く（ACRI 2021）、SNSと関連した就労の持続への不安が彼らにもたらす影響は大きかった（Assali and Kuttab 2023）。

表現・言論の自由をめぐる東エルサレムのパレスチナ人を取り巻く状況は、イスラエル国内のパレスチナ人とほとんど変わらなかった。ただし、若干の違いが見られたのは、東エルサレムにおける取り締まりの乱暴さである。一〇月七日以降、東エルサレムの検問所や路上などで警察に突然呼び止められたパレスチナ人が、半ば強引にスマートフォンをチェックされ、ハマースへの支持を示唆すると判断されうる投稿や画像などがあった場合にはそのまま逮捕されるという事件が多発した（*Jerusalem Story* 2023; Patel 2023）。プライバシーの侵害を伴う違法な取り調べとして人権団体などから非難が寄せられているが、メッセージアプリでのやり取りやニュースの閲覧記録などを含む、スマートフォンの調査は一〇月七日から数ヶ月が経っても日常的に実施されている（*al-ʿArabī al-Jadīd* 2024）。

一〇月七日以降、旧市街をはじめ、東エルサレムの街中は人気がまばらになっていた。その背後には、前節で言及したようなイスラエル治安当局が課した移動制限のほか、ガザの同胞が戦火にさらされる惨状での自粛ムードの影響があったと考えられる。しかし、それだけでなく、SNSでの投稿をはじめとする表現活動やパレスチナ人の思考そのものに対する厳しい警察の取り締まりが、平凡な社会生活全般を危険なものに変え、外出という行為自体を回避させるように働いたと言える。

（3）テロ対策と居住権剝奪の動き

前節で見た通り、主にパレスチナ人を念頭に置いたと考えられるテロ対策の法整備がイスラエル国内で進められている。実際に一〇月七日以降の東エルサレムにおいても、極めて曖昧な基準のもとでパレスチナ人の多種多様な言動が「テロの扇動」として取り締まられている。東エルサレムのパレスチナ人の場合、大きな懸念となるのはそうしたテロ対策の法整備が居住権の剝奪と結びついてきたことである。イスラエル国内のパレスチナ人にとっての市民権に関する懸念とかなり似通った性質を持っているが、市民権よりも位置付けが低い居住権の場合、裁判所よりも内務省の裁量が大きく、市民権よりも容易に剝奪が可能である（*Jerusalem Story* 2021b）。

入国法に従い、居住権の剝奪条件は七年以上連続してイスラエル国外に居住した場合や他国の市民権を獲得した場合とされてきた。一九九五年頃からそこに「生活の中心」という条件が加わり、東エルサレムのパレスチナ人が居住権を持ちながら西岸地区やガザ地区に住んでいると判断された場合にも居住権が剝奪されることとなった。一九六七年から九五年までで居住権が剝奪されたのは三〇〇〇件ほどだったのに対し、一九九五年から二〇〇五年頃までで一万一〇〇〇件に急増した（Al-Haq 2018）。

さらに二〇〇六年頃からは内務省が「国家に対する背信」や「治安上の脅威」といった基準を新たに設けるようになった。二〇一七年九月に最高裁判所が「忠誠心」を基準とする居住権の剝奪は法的基盤を欠いているとの判決を下したが、二〇一八年三月にイスラエルの国会で入国法が改正され、二〇一六年に制定された反テロ法の違反、あるいはイスラエル刑法九七条から九九条の反逆罪の違反が背信行為にあたると規定された。この新たな条件での居住権剝奪は少なくとも一〇件以上あると言われる（Al-Haq 2018）。

その後、二〇二三年二月には市民権法と同様の改正が入国法にも加えられ、「国家に対する背信」においてパレスチナ自治政府から対価を受け取ったと内務省が判断した場合、ヨルダン川西岸地区かガザ地区への追放処分が可能になった。二〇一八年に改正された入国法では居住権を失ったパレスチナ人が他国の市民権や永住権を持たない場合、国内に長期滞在するための査証を発給することになっていたが、この規程が破棄された（Adalah 2023d）。また、前節でも述べたように、二〇二三年一一月以降、テロ組織への支持やテロ行為の扇動を行った個人の市民権剝奪を可能にする法案が作成されつつあるが、居住権保持者もその対象に含まれる見込みである（Adalah 2023e）。「テロリスト出版物の体系的、継続的な消費」ですら処罰対象となりうる現状においては極めて危険な法整備の流れであると言える。

居住権の剥奪とテロ対策の強化は「永遠にして不可分の首都」として東西エルサレムの併合を完遂しようとするイスラエル政府の動きを反映している。次々に要件が追加されることで居住権の剥奪が容易化されていくことは、ユダヤ人が圧倒的な多数派を占める状況を作り出すために、東エルサレムに住むパレスチナ人の人口を減少させる一つのツールである。また、居住権の保持に国家への忠誠心を要求することは、パレスチナ人に対してイスラエルの支配に反抗しない恭順さを求めるということであり、東西エルサレムをイスラエル主権下に置くことの正当性を認めさせることを意味している。ユダヤ国家にとっての重要な象徴であるエルサレムを完全に手中に収めるという悲願の達成は、右派を中心とする今日のイスラエル政治において既定路線化しつつあり（Hever 2018; ICG 2019）、テロ対策と居住権に関連した、東エルサレムのパレスチナ人に対する威圧的な政策はそうした大きな動態の一端として捉えるべきであろう。

4　西岸のパレスチナ人と「10・7」

(1) 行動規制と言論・表現の制限

西岸地区のパレスチナ人が一〇月七日以降に直面した一つの苦難は、東エルサレムのパレスチナ人と同様の行動規制と言論・表現の制限である。一〇月七日から一ヶ月半ほどのあいだに西岸地区で見られた逮捕は二〇〇〇件以上で、その数は一二月末には約四七〇〇件にまで膨れ上がった（東エルサレムの逮捕件数を含む）（OHCHR 2023）。そのなかでも、ＳＮＳでの投稿やスマートフォンに保存された画像からハマースへの支持を疑われた事例はかなりの割合を占めると言われる（ICG 2023a）。無作為にイスラエル軍がパレスチナ人を呼び止めるなどしてスマートフォンの中身を確認するケースが確認されるほか、逮捕理由となった投稿のなかにはガザの人びとへの連帯を示すといったテロとは直接関わらない内容のものも含まれる点は東エルサレムと似通っている（ICG 2023a）。また、イスラエル治安当局はパレスチナ人が住む西岸地区の市町村の出入り口や主要道路の検問所などを閉鎖し、パレスチナ人に通行制限を課してきた。東エルサレムの事例で言及した通り、西岸地区とイスラエル領内の検問所も封鎖されたため、日常的に「出稼ぎ」に行っていた人びとは収入源を失った。一一月下旬に入っても検問所の利用は完全には再開されておらず、医療関係車両などもアクセスが制限されている。そのほか、地域によっては、イスラエル国内や近隣都市などから輸送されていた生活必需品の流通が滞り、食糧の不足や物価の上昇などが深刻な問題となっている。西岸地区における封鎖や移動制限の程度は第二次インティファーダの時期（二〇〇〇年から二〇〇五年）よりも厳しいとする見方もある（OHCHR 2023）。

(2) 入植者の暴力と強制移住

西岸地区のパレスチナ人が経験した行動規制や言論・表現の制限は、確かに彼らの社会生活に大きく影響を与え、すでに脆弱だった生活環境をさらに悪化させた。だが、その被害がかすんでしまうほど、さらに深刻だったのはイスラエル軍や入植者が振るった直接的な暴力による犠牲である。西岸地区で二〇二三年に亡くなったパレスチナ人の数は五〇九人に上り、第二次インティファーダが概ね沈静化した二〇〇五年以降で最大の死者数をマークしたが[5]、そのうち三一〇人は一〇月七日以降に殺害された（OCHA n.d.）。

一〇月七日以降、西岸地区に住む入植者の一部は、近隣に住むパレスチナ人を襲撃し、家屋や農地、家畜などに大きな損害を与えた。二〇二三年に起こった入植者による攻撃事件は約一二〇〇件に上り、国連機関が調査を始めた二〇〇六年以降で最大の数値であるが、そのうち約三七〇件が一〇月七日以降に発生したとされる（OCHA 2023a）。入植者のなかには日頃から銃を携行している者も多く、一〇月七日以降に行われたパレスチナ人への襲撃も武装した入植者によるものだった。だが明らかに入植者による殺害であると断定されている事件はごく僅かである。入植者の主な関心はパレスチナ人の立ち退きに向けられており、彼らはパレスチナ人への脅迫として住民自身や所有財産に危害を加えた。

入植地とその近辺をはじめとする西岸地区の約六割はパレスチナ自治政府の権限が全く及ばないC地区である。入植者の攻撃に晒されてもパレスチナ人が頼ることのできる公的機関は何処にもない。イスラエル軍が襲撃の場に居合わせることもあるが、基本的に両者の仲裁に入ることはなく、むしろ入植者とパレスチナ人のあいだで暴力的な衝突に発展した際にはパレスチナ人を抑え込むことで実質的に入植者の襲撃に加勢する（B'Tselem 2021; 2023）。

そうした構図のもとで毎日のように繰り返される入植者の執拗な襲撃によって、一〇〇〇人以上のパレスチナ人が一〇月七日以降に移住を余儀なくされた（OCHA 2023a）。入植者による攻撃で居住者全員が退去してしまった村落も一〇月七日以降だけで一六箇所に上る。なかでも最大規模だったのは、西岸地区の南端であるヘブロン丘陵に位置するヒルベト・ザヌーターで、退去以前はこの村に二七世帯二五〇人のパレスチナ人が暮らしていた（B'Tselem n.d.）。また、入植者の襲撃から被害を受けたのは、周辺村落の居住者だけでなかった。入植地の近くに農地を持つ人びとも土地の奪取を目論む入植者から連日のように攻撃を受けていた。パレスチナの秋を象徴するのは主要作物であるオリーブの収穫であるが、一一月にオリーブを収穫中だったパレスチナ人が入植者に銃殺された事件が起こったこともあり、いくつもの農家が今年の収穫を断念せざるを得ず、大きな損失を被ったと考えられている。一〇月七日以降に入植者による襲撃が加速した背景には、ハマースの襲撃に対する報復の意識があったほか、イスラエル軍が自衛のためとして武器を配布したことなどが挙げられる（OHCHR 2023）。

西岸地区における入植者の暴力事件はここ数年で増加の一途を辿っていた。二〇一七年の発生件数は一八〇件ほどだったのに対し、二〇一八年以降は三〇〇件を優に超えるようになり、二〇二二年には九〇〇件近くにまで増加していた（OCHA 2023b）。先に見たような入植者の暴力によるパレスチナ人の移住と土地の収奪はすでに数年来の深刻な課題であり、居住者全員が移住してしまった村落は一〇月七日以前からいくつも記録されている（B'Tselem 2023）。これ以前にもパレスチナ人の一家が入植者によって焼き殺される事件など、残虐な行動が数多く見られてきたが、近年入植者による暴力がそれまで以上に常態化していることは明らかである。

入植者による暴力行為の激化を生み出す背後には彼らの利害を代弁する政治勢力の伸長がある。二〇二一年七月から約一年にわたってイスラエルの首相を務めたナフタリ・ベネットや二〇二二年末に成立した第六次ネタニヤフ政権で入閣したベツァレル・スモトリッチ財務大臣、イタマル・ベングヴィール国家安全保障大臣などは、入植地に居住する極右政治家である。特にスモトリッチは二〇二二年末に成立した政権で入植者の生活全般を監督する新たな政府機関のトップに就任し、入植地の拡大などに直接的な影響力を行使できる立場にある。彼は二〇二三年三月に入植者の大規模な攻撃を受けた西岸地区のフワーラ村の殲滅を呼びかけるなど、入植者の暴力行為を後援するような姿勢を見せてきた。ベングヴィールも入植者によるパレスチナ人への暴力を批判しようとせず、西岸における治安の悪化を抑制しようとする軍関係者とのあいだで激しい意見対立を生むことさえあった。政府は自分たちの味方であり、これまでであれば咎められたような行動にも配慮を見せてくれるはずだという入植者の認識はパレスチナ人に対する攻撃を加速させる要因になっている（B'Tselem 2023; ICG 2023b）。

イスラエル政府は入植者の暴力事件を認識しつつも取り締まるような素振りは見せていない。その上、パレスチナ人が退去した土地を入植者が奪取していくことは黙認している。イスラエルの人権団体であるベツェレムはこうした構造を鋭く非難し、入植者の暴力は、入植地の拡大やパレスチナ人からの土地の接収、彼らの強制移住を促進する「国家事業の一部」であるとしてその責任を追及している（B'Tselem 2021; 2023）。C地区の大部分をイスラエル領として併合する動きは、アメリカ政府のお墨付きも得ながら二〇一九年頃から大手を振って進められるようになっている。入植者の暴力がその一翼を担っているとすれば、一〇月七日以降の状況は戦時下の非常事態における一過性の出来事ではなく、より長期的な展開のなかで生じていると言えるだろう。

（3）イスラエル軍の侵攻

一〇月七日から一二月末までに西岸地区で発生した三一〇人の死者のほとんどは、入植者の攻撃ではなくイスラエル軍の侵攻によって殺害された。市街地でも軍事衝突がたびたび見られたが、特に頻繁に襲撃を受けたのは西岸地区にある難民キャンプである。国連機関の資料によると死者数が多かった上位一五箇所のうち半数は難民キャンプであった。なかでも特に激しい襲撃を受けたのは西岸地区北部のジェニン難民キャンプ（死者二九人）や同じく北部のトゥールカルムにあるヌール・シャムス難民キャンプ（死者二四人）、トゥールカルム難民キャンプ（死者一七人）などである（OCHA n.d.）。軍は装甲車やブルドーザーのほか、自軍の損失を最小限に抑えるために戦闘機やドローンなどの兵器を積極的に使用した。特に激しい攻撃に晒されたジェニン難民キャンプでは、武装勢力の拠点のみならず、一般家屋や生活インフラも破壊されたために、一〇月七日以降の二ヶ月で住民の六割から八割がキャンプ外への一時退避を余儀なくされた。その悲惨な光景からパレスチナ人のなかにはジェニンを「リトル・ガザ」と呼ぶ者もいる（Parker and Tugnoli 2023）。トゥールカルムにある二つの難民キャンプでもイスラエル軍によって破壊の限りが尽くされ、一定数の住民が一時的に退避せざるを得ない状況に追い込まれた（Al Tahhan 2023；OCHA 2023a）。

一〇月七日の直後からイスラエル軍が西岸地区への侵攻を繰り返してきたのは、ガザに続く第二の戦端が開かれることを予防するためだったと考えられる。西岸地区ではこれまでも入植者やイスラエル兵を標的とした武装攻撃が散発的に発生しており、イスラエル軍としてはパレスチナ人による武装闘争の活性化を未然に防ぐ必要があった（ACLED 2023；OHCHR 2023）。一〇月七日以降のイスラエル軍による執拗なまでの軍事侵攻は武装勢力をある程度は弱体化させたかもしれないが、非武装の市民を多く巻き込む暴力的な鎮圧作戦が新たな武装闘争の種を蒔いた可能性は否めない。事実、イスラエル軍はこれまでにもナーブルスを拠点とする「ライオンの巣」やジェニン難民キャンプを拠点とする「ジェニン大隊」などに集中的な攻撃を加えてきたが、その結果として新たな武装勢力が登場しており、暴力的な鎮圧が奏功してきたとは言い難い（ACLED 2023；Miller 2023）。

活動範囲のローカル性や既存の政治勢力を超えた連携などを特徴とする新たな武装勢力が登場してきたのは二〇二〇年頃からであった。その背景には、終わりの見えない軍事占領とイスラエル軍による度重なる襲撃への反発がある。さらにこれに加えて重要だったのは、機能不全に陥った自治政府への不満である。西岸地区においては、かねてからパレスチナ自治政府の権威主義的な統治手法や汚職の蔓延に批判が向けられてきた。また自治政府がイスラエルとの安全保障協力のなかで反イスラエルの抵抗運動を鎮圧する下請けの役割を果たす一方で、パレスチナ人の身の安全を守れず、祖国解放の運動を前進させることもできないことは大きな不満を生んでいた（ACLED 2023；ICG 2023c）。二〇二三年七月に起こったジェニン難民キャンプへのイスラエル軍の襲撃後に、戦闘で死亡したパレスチナ人の弔問に訪れた自治政府与党のファタハ関係者が罵声を浴びて追い返された出来事は、新興の武装勢力を支持する人びとのなかに自治政府への深い幻滅があることを象徴している（Miller 2023）。

西岸地区のラーマッラーにある調査機関PSRの世論調査（西岸地区とガザ地区の一二〇〇人を対象に二〇二三年三月八日〜一一日に実施）においても、西岸地区の回答者の六六％が「ライオンの巣」のような武装勢力の結成に賛成し、イスラエルの要請があっても自治政府に彼らを逮捕する資格はないと考える回答者は八七%に上った（PSR 2023a）。さらに、PSRの別の世論調査（西岸地区の一三七五人を対象に二〇二三年九月二八日～一〇月一二日に実施）では、入植者の暴力に対する有効な対応策として四つの選択肢（「イスラエル軍に頼る」「パレスチナ警察に頼る」「武装グループを結成する」「非武装グループを結成する」）から一つを選ぶ質問で、最も多くの回答者が武装グループの結成を選び、非武装グループの結成を選択した回答者は最も少なかった（PSR 2023b）。イスラエル軍や入植者の暴力に日々晒されながら、パレスチナ自治政府に頼ることもできない西岸地区のパレスチナ人にとって、武器を取って自らを守る選択が導き出されるのは至極当然だろう。一〇月七日以降の西岸地区における暴力の蔓延はすでに悪化していた治安状況をさらに混迷させていく可能性をはらんでいる。

おわりに

本章が描いてきたように、イスラエル国内、東エルサレム、そして西岸に住むパレスチナ人は、それぞれの法的地位や政治状況を反映する形で一〇月七日以降の非常事態を経験してきた。SNS空間における言論活動の監視・制限のように、各地のパレスチナ人が同様に直面した課題もあるが、そのほかの政策について言えば、権利状況に応じて異なる境遇に置かれた。全体的に見れば、イスラエル市民、イスラエル居住権保持者、被占領民の順に、直接的な暴力が振るわれたり、移動制限のような形で社会生活が露骨に阻害されたりする程度が上がっていく傾向がある。それはイスラエル国家に包摂される程度の違いに由来しており、二級市民扱いを受けるとはいえ、表面的にはイスラエル市民の一員であるパレスチナ人と、イスラエル社会の枠組みからは完全に排除された存在である西岸のパレスチナ人では扱われ方に大きな差違が生まれている。東エルサレムのパレスチナ人が一〇月七日以降に経験したことは両者の折衷であり、彼らが持つ居住権という排除と包摂のあいだの曖昧な地位と符合している。

個別的な政策実践に注目すれば、歴史的パレスチナの各地に住むパレスチナ人がそれぞれにイスラエル支配の現実と格闘している様子が窺える。ただし、それぞれの政策を生み出す原動力になっているイスラエル国家の姿勢に意識を向ければ、右傾化という通底音を見出すこともできる。宗教的な信念や安全保障上の理由から領土的な妥協を忌避し、パレスチナ国家の創設にも強く反対する姿勢は、西岸地区のパレスチナ人が直面した苦境の背景にある。また「ユダヤ的・民主的国家」という国是のうち前者の価値を優先させ、ユダヤ人を頂点とする階層的な民族支配を全面的に正当化する傾向が強まるなかで、イスラエル国内や東エルサレムのパレスチナ人に対する圧力が強まっている。イスラエル国内、東エルサレム、西岸のパレスチナ人をめぐる境遇は右傾化するイスラエル政治を異なる形で表現していたとも言える。

アントニオ・グテーレス国連事務総長が「ハマースの攻撃は何もないところから生まれたのではない」（二〇二三年一〇月二五日）と発言したことに象徴されるように、一〇月七日以降、パレスチナ問題の歴史的な文脈と本源的な課題を踏まえて現在の厳しい現実に向き合おうとする機運が高まりつつある。本章との関連で言えば、パレスチナ人への姿勢をめぐって、イスラエル国家そのもののあり方、そしてその根底にあるシオニズムの理念に関する激しい論争が巻き起こっていく可能性もある。今後も歴史的パレスチナ全体を俯瞰する見地からの紛争分析が重要となるだろう。

（1）　イスラエル国内ではユダヤ人であっても特に左派系の政治家や活動家などに対して警戒感が強まっており、テロリストを擁護する発言をしたとして逮捕されたり、右派系の市民から「内なる敵」として嫌がらせを受けたりするケースがある（Zvi 2024）。

（2）　また別な種類の問題ではあるが、イスラエル北部の町ネタニヤにあるカレッジではパレスチナ人の学生を敵視する数百名のユダヤ人学生が数時間にわたってパレスチナ人の学生寮を取り囲み、人種差別的なコールを繰り返す事件も発生した（Adalah 2023b）。

（3）　パレスチナ人に対する敵対的な視線を象徴する事例は枚挙に暇がない。二〇二三年一〇月にイスラエル中部のラムラで起こった事件では、商業施設で空襲警報のサイレンが鳴った際に、パレスチナ人のレジ係が手を叩いて客の注意を引いて避難所に誘導しようとしたところ、ユダヤ人の買い物客がロケット攻撃に拍手を送ったと勘違いし、他の客もそれに続いて諍いに発展した。店の責任者はパレスチナ人の従業員を非難し、二人は停職処分となった（Glazer and Mashiach 2023）。

（4）　一〇月七日から年末までの東エルサレムにおける逮捕件数は九八七件に上り、SNS関連の理由による逮捕が多くを占めたと言われる（Wadi Hilweh Information Center 2023d）。なお、年間の逮捕件数は三二六一件とされ、過去数年のなかでは最高値であった。月別で最も件数が多かったのはアクサー・モスクで治安当局との衝突があった四月（七六六件）、その次が一〇月（四三七件）、一一月（三五五件）と続いている（Wadi Hilweh Information Center 2023c）。

（5）　この国連の数値には東エルサレムの死者数もカウントされているが、現地団体の資料によると二〇二三年の東エルサレムでの死者数は二〇人、一〇月七日以降に絞れば一一人であるとされる（Wadi Hilweh Information Center 2023c）。

参考文献

7amleh（Arab Center for the Advancement of Social Media）. 2023. *Position Paper on New Law Prohibiting the Consumption of Terrorist*. https://7amleh.org/storage/position%20paper%20en.pdf

ACLED（The Armed Conflict Location & Event Data Project）. 2023. *The Resurgence of Armed Groups in the West Bank and Their Connections to Gaza*. https://acleddata.com/2023/12/14/the-resurgence-of-armed-groups-in-the-west-bank-and-their-connections-to-gaza/

ACRI（The Association for Civil Rights in Israel）. 2021. *East Jerusalem: Facts and Figures 2021*. https://01368b10-57e4-4138-acc3-01373134d221.usrfiles.com/ugd/01368b_38b8a5ddcca54bdabee6d68f0cf17ba9.pdf

Adalah. 2022. "Q&A: Israeli Supreme Court Allows Government to Strip Citizenship for 'Breach of Loyalty'". https://www.adalah.org/en/content/view/10693

——. 2023a. "Crackdown on Freedom of Speech of Palestinian Citizens of Israel". https://www.adalah.org/en/content/view/10925

——. 2023b. "Adalah and the Arab Students Union Demand a Criminal Investigation into Violent Assault on Arab Students at Netanya College". https://www.adalah.org/en/content/view/10945

——. 2023c. "Israeli Govt. Advances Bill to Prohibit 'Consumption of Terrorist Materials'". https://www.adalah.org/en/content/view/10930

———. 2023d. "Q&A : Law to Revoke Citizenship and Permanent Residency and Deport Palestinians Who Received Money from the Palestinian Authority in Relation to 'Terrorist Acts'". https://www.adalah.org/en/content/view/10791

———. 2023e. "Israel's Justice and Interior Ministers Declare Plan to Legislate Revocation of Citizenship or Residency Over 'Support and Incitement to Terror'". https://www.adalah.org/en/content/view/10940

———. n.d. "'Anti-Terror' (Counter-Terrorism) Law". https://www.adalah.org/en/law/view/598

Al-Haq. 2018. "Punitive Residency Revocation : The Most Recent Tool of Forcible Transfer". https://www.alhaq.org/advocacy/6257.html

Al Tahhan, Zena. 2023 (Dec. 12). "West Bank Fighters Say Israel War on Gaza Inspires More Resistance" *Al Jazeera*. https://www.aljazeera.com/features/2023/12/12/west-bank-fighters-say-israel-war-on-gaza-inspires-more-resistance

al-ʿArabī al-Jadīd. 2024 (Jan. 16). "Markaz ʿAdāla Yuṭālib bi-Waqf al-Taftīsh Ghayr al-Qānūnī li-Hawātif al-Maqdisīyīn". https://www.alaraby.co.uk/entertainment_media/مركز-عدالة-يطالب-بوقف-التفتيش-غير-القانوني-لهواتف-المقدسيين

Assali, Khalil and Daoud Kuttab. 2023 (Oct. 21). "In East Jerusalem These Days, Moving around While Palestinian Is Perilous" *Jerusalem Story*. https://www.jerusalemstory.com/en/blog/east-jerusalem-these-days-moving-around-while-palestinian-perilous

Buxbaum, Jessica. 2023 (Dec. 30). "Road Closures, Arrests, Army Raids, Anxiety : How Israel's War on Gaza Is Affecting East Jerusalem Education" *Jerusalem Story*. https://www.jerusalemstory.com/en/article/road-closures-arrests-army-raids-anxiety-how-israels-war-gaza-affecting-east-jerusalem

B'Tselem. 2021. *State Business : Israel's Misappropriation of land in the West Bank through Settler Violence*. https://www.btselem.org/sites/default/files/publications/202111_state_business_eng.pdf

———. 2023. *The Pogroms Are Working : The Transfer Is Already Happening*. https://www.btselem.org/sites/default/files/publications/202309_pogroms_are_working_transfer_already_happening_eng.pdf

———. n.d. "Forcible Transfer of Isolated Palestinian Communities and Families in Area C under Cover of Gaza Fighting". https://www.btselem.org/settler_violence/20231019_forcible_transfer_of_isolated_communities_and_families_in_area_c_under_the_cover_of_gaza_fighting

Glazer, Hilo and Itay Mashiach. 2023 (Nov. 2). "'Systematic Witch Hunt :' What Persecution of Arab-Israelis Looks Like amid Gaza War" *Haaretz*. https://www.haaretz.com/israel-news/2023-11-02/ty-article-magazine/.highlight/systematic-witch-hunt-what-persecution-of-israeli-arabs-looks-like-amid-gaza-war/0000018b-90db-db7e-af9b-fbdb254e0000

Goodfriend, Sophia. 2023 (Oct. 2). "For Palestinians, Social Media Influence Comes with the Threat of Prison" *+972 Magazine*. https://www.972mag.com/palestinian-influencers-social-media-persecution/

Hever, Shir. 2018. "Securing the Occupation in East Jerusalem : Divisions in Israeli Policy" *Jerusalem Quarterly* (75), pp. 104-114.

ICG (International Crisis Group). 2019. *Reversing Israel's Deepening Annexation of Occupied East Jerusalem*. Jerusalem and Brussels : ICG.

———. 2023a. "With All Eyes on Gaza, Israel Tightens Its Grip on the West Bank". https://icg-prod.s3.amazonaws.com/s3fs-public/2023-11/west-bank-q%26a-24xi23.pdf

———. 2023b "Settler Violence Rises in the West Bank during the Gaza War". https://www.crisisgroup.org/middle-east-north-africa/east-mediterranean-mena/israelpalestine/settler-violence-rises-west-bank-gaza-war#:~:text=What%20is%20the%20extent%20of,or%20about%20three%20per%20day.

———. 2023c. "The New Generation of Palestinian Armed Groups : A Paper Tiger?". https://www.crisisgroup.org/middle-east-north-africa/east-mediterranean-mena/israelpalestine/new-generation-palestinian-armed

Jerusalem Story. 2021a. "Jerusalem : A Closed City". https://www.jerusalemstory.com/en/article/jerusalem-closed-city

———. 2021b. "Precarious, Not Permanent: The Status Held by Palestinian Jerusalemites (Pt. 2)". https://www.jerusalemstory.com/en/article/precarious-not-permanent-status-held-palestinian-jerusalemites-pt-2

———. 2023 (Oct. 22). "'Raise Your Hands and Give Us Your Phones!:' Palestinian Jerusalemites Silenced in Their Private and Public Spaces". https://www.jerusalemstory.com/en/blog/raise-your-hands-and-give-us-your-phones-palestinian-jerusalemites-silenced-their-private-and

Jundi, Aseel. 2023 (Nov. 30). "The Old City Shops Are Reeling after Weeks of Closure Due to War" *Jerusalem Story*. https://www.jerusalemstory.com/en/blog/old-city-shops-are-reeling-after-weeks-closure-due-war

Kuttab, Daoud. 2023 (Nov. 14). "One Month on: Palestinian Jerusalemites Reflect on the War's Impact on Their Community" *Jerusalem Story*. https://www.jerusalemstory.com/en/article/one-month-palestinian-jerusalemites-reflect-wars-impact-their-community

Miller, Aaron David. 2023. "4 Inconvenient Realities of Israel's Jenin Operation" *Foreign Policy*. https://foreignpolicy.com/2023/07/07/jenin-raid-operation-israel-success-terrorism-strategy-west-bank-palestinian-authority/

Nasasra, Mansour. 2019. "The Politics of Exclusion and Localization: The Palestinian Minority in Israel and the Oslo Accords" *Ethnopolitics* 20 (5), pp. 523-544.

OCHA (United Nations Office for the Coordination of Humanitarian Affairs). 2023a. "Hostilities in the Gaza Strip and Israel: Flash Update #81". https://www.ochaopt.org/content/hostilities-gaza-strip-and-israel-flash-update-81

———. 2023b. "Factsheet: Displacement of Palestinian Herders amid Increasing Settler Violence". https://www.ochaopt.org/sites/default/files/FactSheet-Displacement-of-Palestinian-herders-Sep-23.pdf

———. n.d. "Data on Casualties". https://www.ochaopt.org/data/casualties

OHCHR (United Nations Human Rights Office of the High Commissioner). 2023. *The Human Rights Situation in the Occupied West Bank including East Jerusalem 7 October - 20 November 2023*. https://www.ohchr.org/sites/default/files/documents/countries/palestine/2023-12-27-Flash-Report.pdf

Parker, Claire and Lorenzo Tugnoli. 2023 (Dec. 5). "Inside 'Little Gaza:' The Civilians Trapped in a West Bank War Zone" *The Washington Post*. https://www.washingtonpost.com/world/2023/12/05/jenin-refugee-camp-israel-raids/

Patel, Yumna. 2023 (Oct. 21). "In 'Witch Hunt,' Palestinians with Israeli Citizenship, Jerusalem IDs, Face Harassment, Persecution amid Gaza War" *Mondoweiss*. https://mondoweiss.net/2023/10/in-witch-hunt-palestinians-with-israeli-citizenship-jerusalem-ids-face-harassment-persecution-amidst-gaza-war/

PSR (Palestinian Center for Policy and Survey Research). 2023a. "Public Opinion Poll No (87)". https://pcpsr.org/en/node/938

———. 2023b. "Results of a Special Poll on Palestinian Public Opinion in the West Bank". https://pcpsr.org/en/node/957

Spiro, Amy. 2023 (Oct. 18). "Police Chief to Arab Israelis: 'You Want to Support Gaza, I'll Put You on a Bus There'" *The Times of Israel*. https://www.timesofisrael.com/police-chief-to-arab-israelis-you-want-to-support-gaza-ill-put-you-on-a-bus-there/

Wadi Hilweh Information Center. 2023a. "October 2023 in the City of Jerusalem". https://www.silwanic.net/article/news/79129

———. 2023b. "November 2023 in the City of Jerusalem". https://www.silwanic.net/article/news/79172

———. 2023c. "The Year 2023 in the City of Jerusalem". https://www.silwanic.net/article/news/79216/the-year-2023-in-the-city-of-jerusalem

———. 2023d. "100 Days since the Start of Al-Aqsa Flood Operation: How Did It Go in Jerusalem". https://www.silwanic.net/article/news/79231

Zvi, Oren. 2024 (Jan. 24) "Israeli Police Repressing Anti-war Protests with 'Iron Fist,' Say Activists" *+972 Magazine*. https://www.972mag.com/israel-police-repression-protests-gaza/

II

イスラエル・パレスチナを取り巻く国際関係

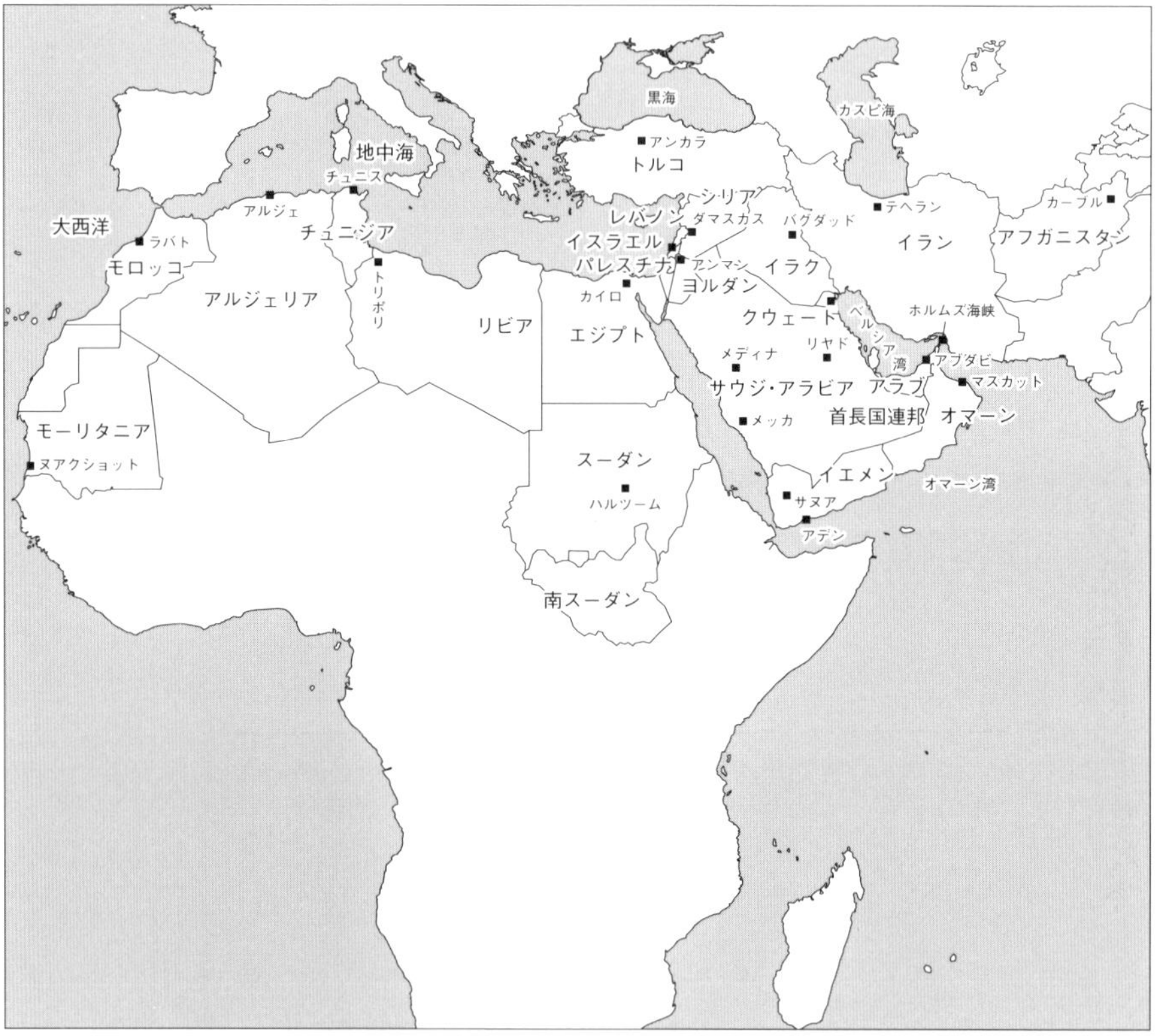

中東の全体図（編集部作成・参考文献・高橋和夫「パレスチナ問題の展開」，吉川弘文館「世界史年表・地図」）

5 感情とプラグマティズムの狭間で
――トルコのガザ紛争に対する対応

今井宏平

（いまい　こうへい）
ジェトロ・アジア経済研究所海外派遣員
専門は現代トルコの政治外交
著書に『エルドアン時代のトルコ――内政と外交の力学』（岩坂将充との共著、岩波書店）、『トルコ１００年の歴史を歩く』（平凡社新書）、『戦略的ヘッジングと安全保障の追求――２０１０年代以降のトルコ外交』（有信堂）などがある。

はじめに

二〇二三年一〇月七日に勃発したハマースのイスラエル領内への奇襲攻撃は多くの犠牲者と人質を出し、イスラエルが初めて「敗北」を喫した一九七三年の第四次中東戦争以上の衝撃をイスラエル国内および国際社会に与えた。これに対し、イスラエル軍がガザに侵攻することになり、その結果、ガザ住民三万人以上が亡くなり[1]、二〇二四年三月二〇日現在も停戦には至っていない。

トルコは中東の大国の一つとして、とりわけ二〇〇〇年代以降、イスラエルとパレスチナの関係を含む、中東の地域秩序の建設と維持に強い関心を寄せてきた。逆に二〇〇〇年代以前、トルコは一部の時期を除き[2]、中東への関与には消極的、もしくは「北層」と呼ばれるトルコ、イラン、アフガニスタンといった地域の事象にのみ積極的に対応してきた[3]。この背景には、トルコはアラブではなかったこと、オスマン帝国崩壊の過程でアラブ人に「裏切られた」という認識をトルコ人の多くが持っていること、トルコ共和国建国後にトルコ政府が追求した公的イデオロギーがイスラームと距離をとる世俗主義と西洋化であったことなどが挙げられる。そのため、冷戦期における中東の最重要問題であった中東和平問題には深く関わってこなかった。

それではなぜ二〇〇〇年代以降、トルコはイスラエルとパレスチナの問題に関与するようになったのか。その答えは二〇〇二年一一月の総選挙での親イスラーム政党、公正発展党の勝利および公正発展党の党首でこれまで首相、大統領を務めているレジェップ・タイイップ・エルドアンの個人的な信条に求めることができる。一方で、エルドアン氏主導の外交は非常にプラグマティズムという側面も持つ。イスラエルとパレスチナの問題に対するエルドアン外交のスタンスは個人的な信条がプラグマティズムよりも優先されると指摘されるが（Aydıntaşbaş and Huggard, 2023）、筆者は今回のガザ紛争に対する対応はエルドアンのプラグマティストとしての顔も十分に垣間見られていると考える。

　本章では、トルコのイスラエル・パレスチナへの対応に関して、公正発展党政権下の二一年間の対応を中心に時系列的特徴を確認したうえで、ガザ紛争に対するエルドアン外交の特徴について検証する。

1　公正発展党の中東和平問題に対するスタンス

（1）公正発展党政権以前の両国関係（一九四九～二〇〇一年）

　公正発展党政権以前のトルコとイスラエルの史的関係を考える際に重要となる年は一九四九年、一九五八年、一九九六年という三つであった。トルコは中東において一九四九年三月二八日にイスラエルを承認した最初の国家であった。一九四七年の国連でのパレスチナ分割に関する協議の際に反対票を投じたように、トルコは当初はユダヤ人国家の建国に反対であった。しかし、イスラエルが建国されるとトルコはその立場を変えることとなった。この背景には、非アラブ国家であり、中東の北層に位置するトルコにとっては、イスラエルよりもソ連の方が圧倒的な脅威であり、ソ連に対抗するために一九四九年に設立された北大西洋条約機構（ＮＡＴＯ）加盟を目指し、西側諸国との同盟を強化させたいという意図があった（Özcan 2005, p. 67）。そのため、西側諸国が支持したイスラエルを承認することがトルコにとっては必要であった。

　一九五八年は、トルコとイスラエルの間で初めての同盟、いわゆる「周辺同盟」が成立した年であった（Bengio 2004, p. 43）。一九五五年に成立した、中東の北層および中東の共産主義国からの防衛を目指したバグダード条約の加盟国であったイラクで政変が起こり、同条約からの脱退が濃厚になったことで、トルコは中東の共産主義封じ込め強化のためにイスラエルとの同盟を模索した。イスラエルにとっても中東におけるアラブ諸国包囲網を打破するという狙いに合致するものであった。とはいえ、この周辺同盟は秘密協定として結ばれた。周辺同盟はその後八年間続いたが、一九六三年の第一次キプロス紛争後にイスラエルがキプロスのギリシャ系住民を支援する姿勢を見せたことでトルコ・イスラエル関係が悪化し、周辺同盟は有名無実化された（Bengio 2004, p. 64）。この背景には冷戦のデタント（雪解け）期でソ連の脅威が軟化したことがあった。そのため、デタント期に勃発した第三次中東戦争と第四次中東戦争で、トルコは間接的にアラブ諸国を支持する立ち位置をとった。第三次中東戦争ではインジルリック基地をはじめとしたトルコ国内のＮＡＴＯ施設・米軍施設の使用を許可せず、国連においてアラブ諸国と共にイスラエルが占領した地域から撤退するように圧力をかけた（Altunışık 1999, p. 184）。第四次中東戦争においてもアメリカがインジルリック基地の戦闘機を使用することを許可しなかった。一方で、エジプトとシリアの戦闘機に

トルコの大学構内に貼られたパレスチナのための行進のビラ（今井撮影）

対する燃料補給のために訪れたソ連機には空港の使用を許可した（Aykan 1993, p. 97）。また、一九七九年一〇月五日にアンカラにパレスチナ暫定自治機構（ＰＬＯ）の代表事務所が開設された。

その後、一九八〇年代の新冷戦期においても両国関係は改善しなかった。九〇年代に入り、中東の不安定化、中東和平の進展、トルコの軍備の近代化の遅れなどの要因が再びトルコとイスラエルの関係を接近させた。九四年に当時のトルコ首相、タンス・チルレルがイスラエルを訪問し、安全保障に関する覚書を取り交わすと、九六年には安全保障分野で共同軍事訓練、防衛産業、ファントムジェット戦闘機に関する三つの協定が締結された（Altınışık 2000, pp. 181-189）。防衛産業やファントムジェットの近代化に関しては、欧米諸国がトルコに知的財産および近代化の提供を渋る中、トルコにとってイスラエルは有益な提供者であった。

このように、イスラエルにとってトルコは非アラブ諸国として、中東における孤立を回避できる可能性のあるアクターであった。一方、トルコにとってイスラエルは、冷戦期では欧米諸国との関係強化および中東の反共政策のパートナー、冷戦後は安全保障産業の有益なパートナーであった。

（2）イスラエルとの良好な関係（二〇〇二年〜二〇〇七年）

レジェップ・タイイップ・エルドアン率いる公正発展党は親イスラーム政党であり、イスラエルとパレスチナの間の中東和平問題にはこれまでの政権以上に積極的に介入してきた。エルドアンはムスリムとしてパレスチナ側にシンパシーを抱いてきた。ただし、イスラエルを敵視するわけではなく、イスラエルとの交渉も行ってきた。まず、二〇〇四年一一月二四日にイスラエル外務省のロン・プロソールがアラファト没後の中東和平交渉と両国関係のあり方を話し合うためにアンカラを訪れた。さらに二〇〇五年一月三日から五日にかけて、当時のアブドゥッラー・ギュル外相が中東和平を再び軌道に乗せるためにイスラエルとパレスチナを訪問した。トルコはこの頃から中東地域における仲介者・調停者の役割を担うことを志向し始めていた。これに引き続き、同年五月一日と二日に当時のエルドアン首相もイスラエルとパレスチナを訪問した。この際、エルドアン首相とアリエル・シャロン首相は情報共有のためのホットラインを設置することと、新たな武器の取引に関する協議を始めることで合意した。

このように友好的なムードに包まれていたトルコとイスラエルの関係は二〇〇六年に入り、困難な状況に直面する。それが二〇〇六年二月にシリアに亡命中のハマース幹部、ハーリド・マシャアルのトルコ訪問であった。こうした緊張関係は二〇〇六年三月二八日にイスラエルで総選挙が実施され、カディマが勝利したことでやや終息する。なぜなら、脳梗塞で倒れたシャロンに代わり、首相代行となったエフード・オルメルトがトルコとの関係を強化したいと主張していたからである。オルメルトとエルドアンは良好な関係を築き、トルコは二〇〇七年にイスラエルとシリアの間の関係改善の仲介を試み、両国間で四回の協議が実現した（今井、二〇一三年、一七八―一八二頁）。

（3）イスラエルとの関係悪化（二〇〇七年〜二〇二一年）

しかし、再びトルコとイスラエルの関係は悪化する。そのきっかけとなったのが二〇〇八年初頭のイスラエルによる最初のガザ攻撃であった。この攻撃の数日前、エルドアンとオルメルトはイスラエルとシリアの交渉について協議していたが、その際にオルメルトから全くガザ攻撃に関する相談がなかったことでエルドアンとオルメルトとの関係は修復不可能となった。さらに二〇一〇年初頭に当時のイスラエルの外務副大臣ダニー・アヤロンが駐イスラエル・トルコ大使アフメット・アーズ・チェリッコルを呼び出し、トルコで放映されているテレビドラマ『狼たちの谷』におけるイスラエルの扱いに対して不満を述べた。その際、アヤロンはチェリッコルを自分より低いソファーに座らせ、大使との握手を拒否した。アヤロンの不満はヘブライ語で述べられたため、チェリッコルはアヤロンの主張を理解できずにその場に留まっていたと言われている。このアヤロンの対応に際してトルコ側は抗議し、イスラエル側が公式に謝罪することとなった。さらに二〇一〇年五月三一日、救援物質をガザ地区に届けるためにガザ沖を航海していた、トルコやヨーロッパの活動家・政治家と、約一万トンの支援物資を乗せた六隻の支援船が、イスラエル軍から攻撃を受けた。これにより、マービ・マルマラ号に乗船していた九人のトルコ人とトルコ系

アンカラ市内で見つけたイスラエルとネタニヤフを批判する落書き（今井撮影）

アメリカ人の計一〇人が死亡、多くの乗組員が負傷した。このいわゆる「ガザ支援船団攻撃事件」以降、イスラエルとトルコの関係は停滞していた。

両国関係の悪化が決定的となったのは、米国のドナルド・トランプ大統領が二〇一七年一二月六日にイスラエルの首都をエルサレムとするということを突如発表したことであった。エルドアン大統領は最も強い口調でこれに反対した。トルコは、イスラーム協力機構（OIC）の議長国（当時）として、一二月一三日にイスタンブルでOICの緊急首脳会合を開催し、その会議で東エルサレムをパレスチナの首都とする二国家解決案などを明記した「イスタンブル宣言」の採択で中心的役割を果たした（Republic of Türkiye Istanbul Declaration on "Freedom for Al Quds", Ministry of Foreign Affairs, 13 December 2017）。さらにこの問題で二〇一八年に両国は大使を召還することとなった。こうしたトルコのイスラエルへの断固たる対応はムスリム社会から称賛され、イスラエルとの関係を深めていたエジプト、サウジアラビア、アラブ首長国連邦（UAE）がイスラエルに対して強い非難ができない状況と対照的であった。

（4）トルコとイスラエルの関係改善（二〇二一～二〇二三年九月）

トルコとイスラエルの関係は二〇二〇年末から徐々に改善し始め、二〇二二年に入り、本格的な正常化が実現した。二〇二二年三月、イスラエルの首脳として二〇〇七年以来じつに一五年ぶりにアイザック・ヘルツォーク大統領がトルコを訪問した。同年五月二五日にはメヴルット・チャヴシュオール外相がイスラエルを訪問し、ヤイル・ラピド外相と会談し、両国関係の「新たな一章」を開くと宣言した。そして六月には首相となったラピドとエルドアン大統領の間で両国関係の正常化が合意に至り、両国から大使を派遣することとなった。同年九月二〇日、イスラエルが駐トルコ大使にベテラン外交官のイリット・リリアンを指名し、トルコでも一〇月六日に同じくベテラン外交官のサキル・オズカン・トルンラルが駐イスラエル大使に任命された。この動きは、エルドアン大統領と折り合いが悪いとされてきたベンヤミン・ネタニヤーフが首相に返り咲いた後も継続していた。

2　二〇二三年ガザ紛争に際する外交

(1) ガザ紛争におけるエルドアンの対応

二〇二三年一〇月七日以降のガザ紛争で、エルドアン政権はこれまでになく困難な対応を迫られることとなった。まず、親イスラーム政権であるエルドアン政権は国内外のムスリムに配慮した対応が必要であり、イスラエルによるガザ地区の攻撃で多くの一般市民が死傷している点は見過ごせないことであった。エルドアン大統領も個人的にパレスチナ国家の樹立は必要と考えており、パレスチナに寄り添う姿勢は見せている。政府に近いテレビ局のナレーターも基本的にパレスチナ寄りの姿勢が目立っている。また、それほど多くはないが、例えばアンカラの市内にはネタニヤーフ首相を非難するスタンプや、イスラエルを支援する欧米企業の製品の不買を呼びかけるビラ[4]、大学の校内にはガザ地区との連帯を訴えるポスターなどが貼られている。イスタンブルでは駐イスタンブル・イスラエル領事館が投石されるなどの被害が出た。

その一方で、前述したようにエルドアン政権はイスラエルとの関係改善も進めてきた。また、一〇月中旬から次第にハマースを擁護し、イスラエルを非難する言動がトルコ国内で目立つようになるが、ガザ紛争開始から一週間ほどエルドアン政権は静観しているように見えた。二〇一七年末のトランプ政権のエルサレム首都認定発言の際のエジプト、サウジアラビア、UAEと同様、今回はトルコも関係改善中ということもあり、当初はイスラエルを叱責できない立場にあると言えたかもしれない。こうした難しい状況に際してトルコが用いる手段の一つが、二〇二二年のロシアのウクライナ侵攻の際も見られた仲介外交である。この問題が勃発して以来、エルドアンはパレスチナのアッバス議長、イスラエルのヘルツォーク大統領との会談をはじめ、各国首脳と対応について積極的に協議している。ただし、ロシアのウクライナ侵攻と異なり、国内のエルドアン支持者の多くはハマースを含むパレスチナの人々を支持している。単純化して言えば、ロシアのウクライナ侵攻が二つの陣営に対する対応だったのに対し、イスラエルとハマースの衝突に関しては国内の支持者を含む三つの陣営に対応する必要が生じている。前述したように、エルドアン政権の支持者はイスラエルの攻撃に強い不満を募らせている。そのため、エルドアン政権はこの問題で仲介を実施するのは困難であった。

結果として、トルコはイスラエルと進めてきた関係改善を断念し、トルンラル駐イスラエル大使を召還した（Euronews, 4 November 2023）。それに対し、イスラエルも同様の措置をとった。その後、エルドアンのイスラエル非難のトーンは高まり、一〇月一八日の時点ですでに大虐殺（soykırım）という言葉を使用していたが（TRT Haber, 18 Ekim 2023）、一一月二九日の公正発展党大会では、ネタニヤーフがガザ攻撃を首謀しているとして、「ガザの肉屋（Gazze kasabı）」とこき下ろした（Anadolu Agensı, 29 Kasım）。さらに一二月二七日には「ネタニヤーフはヒトラーと遜色ない」と口撃した。これに対し、ネタニヤーフもエルドアンに対し、「クルド人を虐殺しているエルドアンがどの口で我々を非難するのか」と批判した。

（2）エルドアンのプラグマティズム

一方で、エルドアン政権はその批判ほど実際に反イスラエルの行動をしているわけではない。後述するようにイランとの関係は強めているものの、イスラエルに同調する米国をはじめとする欧米諸国に対しても批判以上の対応はしていない。ここに国内世論や国境を超えたムスリム市民へのアピールの必要性とF16の近代化やNATOの一員として一定程度、欧米諸国とも連帯する必要があるトルコ政治の舵取りの難しさが見られる。

しばしば指摘されるエルドアンのハマースへの個人的な信条、そしてトルコの対パレスチナ援助についても言及しておきたい。エルドアンは説法師養成学校であるイマーム・ハティプ校に通っていたこともあり、幼少期から熱心なムスリムであった。政治的イスラームとトルコ政治に詳しいユタ大学のハカン・ヤヴズはイマーム・ハティップ校での経験がエルドアンのムスリムとしての連帯を重視する考えの土台を形成したと指摘している（Yaruz 2020, pp. 9–10）。パレスチナ問題は解決しなければならない課題であるという考えは、熱心なムスリムであれば必ず思い描くものである。また、青年部から加わっていたネジメッティン・エルバカン率いる親イスラーム政党はすでに七〇年代からパレスチナに対しシンパシーを抱いており（Yilmaz 2021, p. 7）、ムスリム同胞団の重要人物の一人、サイード・クトゥブの著作などがトルコ語に翻訳され、敬虔なムスリムに広く読まれることとなった。特にイスラームの考えは草の根から浸透するべきで、イスラームは公共空間と私的空間の両方で作用するという点はトルコの親イスラーム政党とムスリム同胞団の間で一致している（Yavuz 2020, p. 10）。

エルバカンの親イスラーム政党から派生した公正発展党は、政権与党となって以降、ムスリム同胞団との関係を重視した。例えば、二〇一〇年末からのいわゆる「アラブの春」において公正発展党政権はエジプトのムスリム同胞団を全面的に支持した。ハマースとの関係が注目されたのは、前述した二〇〇六年一月にハマースが選挙で勝利したことを受け、同年二月にマシャアルがトルコを訪問してからである。公正発展党はハマースの勝利を正当なものとして評価していた。また、二〇一七年一〇月からハマースの副議長となり、主に西岸の統治を担当するサーリフ・アル・アルリは二〇一四年から一五年にかけてイスタンブルに滞在していた（Karmon & Barak 2018, p. 78）。[5] エルドアンは、パレスチナの公式な政体であるPLOとの関係も築いているが、[6] それ以上に熱心にムスリム同胞団系のハマースに肩入れしてきた。

二〇一〇年のガザ支援船団攻撃事件に顕著なように、トルコはガザ地区への支援を積極的に展開している。[7] トルコ政府の公的な援助機関であるトルコ国際協力調整庁（TİKA）による支援額（パレスチナ全体）は、最新の資料である二〇二一年のトルコ開発支援レポートによると、シリア（六六億八九八三万ドル）、ソマリア（五一八〇万ドル）、アゼルバイジャン（四四二四万ドル）に次いで四番目の額（三三九四万ドル）であった（TİKA Development Assistance Report of Türkiye 2021, p. 20）。[8] TİKAは紛争勃発後からガザで支援活動を展開しており、食糧、ブランケット、シェルターなどの提供を実施している（TİKA Website, 2 November, 2023）。

（3）ガザ紛争に伴うトルコとイランの関係深化

ガザ紛争がトルコに与えたもう一つの影響として、イランとの関係の改善がある。トルコとイランは帝国の歴史を汲むという共通点があり、両国の政策決定者は常にその存在を意識している。[9] 一方でロシアとの関係同様、トルコは天然資源の輸入でイランに依存しており、また、核兵器保有の可能性もあるため、トルコの政策決定たちは必要以上に関係が悪化することを避けてきた。それでも、二〇一〇年代以降、両国関係は難しいかじ取りを強いられてきた。二〇一一年三月に勃発したシリア内戦ではアサド政権を支援するイランと、反体制派を支援するトルコは間接的に対立してきた。ただし、トルコはロシア、イランと共にシリア内戦の解決に向けたアスタナ会合に参加するなど、秩序維持に向けた道筋は共有しようと試みてきた。二〇二〇年代に入ると、シリア内戦に加え、二〇二〇年秋にアゼルバイジャンとアルメニアの間で起きた第二次ナゴルノ・カラバフ紛争、二〇二一年以降のトルコの中東での協調外交によって、両国関係はさらに緊張したものとなった。第二次ナゴルノ・カラバフ紛争ではアゼルバイジャンがナゴルノ・カラバフ地域を奪還したが、アゼルバイジャンと友好関係にあり、同国にドローン兵器を輸出するとともに、アルメニアとの関係改善が進んだトルコの南コーカサスでの存在感が高まった。[10] これに対し、トルコと同様に南コーカサスに隣接するイランはトルコに対抗するため、ロシアを巻き込み同地域の安定化の主導権を握ろうと画策した。また、トルコのイスラエル、サウジアラビア、UAE、エジプトとの関係改善は、イスラエルと対立し、トルコの強大化を懸念するイランの脅威認識を高めた。

こうしたトルコとイランの関係は、ガザ紛争勃発後に変化する。両国はガザ紛争の鎮静化に前向きな姿勢を見せたのに加え、トルコはイスラエルとの関係が悪化した結果、相対的にイランの脅威認識が緩和し、両国関係が改善した。それはトルコとイランの首脳間のコンタクトの増加でも明らかである。イランのエブラーヒーム・ライースィー大統領とエルドアン大統領はタシュケントで開催された経済協力機構（ＥＣＯ）の第一六回サミットに出席した際に会談し、ガザ紛争は両国だけでなくイスラーム世界にとって非常に憂慮すべき事態だという点で一致し、早期の停戦を訴えた（Islamic Republic News Agency, 9 November, 2023）。ライースィー大統領は一一月二八日にアンカラを訪問する予定であったがキャンセルとなり、約一ヵ月後の二〇二四年一月四日に改めて訪問することが発表された（Reuters, 26 December, 2023）。両首脳は一〇月一六日、一一月二六日、一二月三日に電話会談も行うなど、頻繁に連絡を取り合っている。また、一一月一日にトルコのハカン・フィダン外相とイランのホセイン・アミールアブドッラーヒヤーン外相がアンカラで会談し、ガザ紛争の停戦について協議した（Daily Sabah, 1 November, 2023）。両者は一二月一二日にも電話で会談し、停戦とこの問題に対する両国関係の強化について検討した（Islamic Republic News Agency, 12 December, 2023）。

おわりに

本章ではトルコのガザ紛争に対する対応を考察するため、これまでのトルコとイスラエルの関係を整理する史的分析、そしてガザ紛争後にどのような対応を採っているのかに関する現状分析という二つの側面から、トルコのガザ紛争への関与の特徴をあぶり出そうとした。本章での考察から、トルコとイスラエルの関係はプラグマティズム、トルコとハマースの関係はアイデンティティと宗教によって規定されていることが理解できるだろう。また、ガザ紛争後、イスラエルとの国交が再度遮断され、その結果としてトルコとイランの関係強化が進んだ。エルドアン大統領の発言を聞くと、ハマースを擁護して、イスラエルおよびハマースを非難する欧米諸国を牽制しているように見える。しかし、少なくとも欧米諸国とは決定的な対立がないように気を使っている。例えば、一〇月二三日にはエルドアンがスウェーデンのＮＡＴＯ加盟に調印し（Anadolu Agency, 23 October 2023）、一二月二五日には大国民議会の外交政策委員会もスウェーデンのＮＡＴＯ加盟を許可した（Anadolu Agency, 25 December 2023）。このように、ガザ紛争とは関連しない議題で間接的に欧米諸国との連帯を維持している。トルコのガザ紛争への対応はエルドアンの発言とは裏腹に、慎重であり、リスクヘッジに重きを置いたものだと言えるだろう。

（1）イスラエル人の犠牲者も一三〇〇人に達している。

（2）いわゆるデタント期と言われた一九六二年一〇月のキューバ危機後から一九七九年一二月のソ連のアフガニスタン侵攻までの時期、トルコは西側諸国と距離をとっていた。そのため、第三次中東戦争および第四次中東戦争はアラブ諸国を支持する対応を採った。

（3）北層の概念に関しては、田中（二〇二〇年）を参照。

（4）筆者が滞在中（二〇二四年三月二〇日現在）のアンカラではスターバックスやバーガーキングといった欧米資本のチェーン店はそれまで同様、トルコ人を含めかなりの客が入っている。

（5）パレスチナの政治組織の序列に関しては以下を参照。"Mapping Palestinian Politics", *European Council of Foreign Relations Website*.

(6) 例えば、二〇一五年一月にアンカラに新たな大統領府が完成した際、エルドアンは最初のゲストとしてマフムード・アッバスPLO議長を招待している。

(7) この時は非政府組織の「人権と自由に対する人道援助基金(İHH)」による支援であった。

(8) 二〇二〇年は五番目(三二九六万ドル)、二〇一九年は四番目(三八二三万ドル)であったように、近年はコンスタントに三〇〇〇万ドル以上の支援を提供していた。

(9) トルコとイランの歴史的関係に関しては、Cetinsaya (2003) を参照。

(10) 第二次ナゴルノ・カラバフ紛争の直後、エルドアンとアゼルバイジャンのイルハム・アリエフ大統領は、アゼルバイジャン、アルメニア、ジョージアという南コーカサス三ヵ国に周辺の大国であるロシア、イラン、トルコが加わる形でのプラットフォームの立ち上げを提案した。また、トルコとアルメニアの関係正常化は二〇二二年に入り本格化した。一月初頭にアルメニアがトルコに課していた輸出禁止措置を解除すると、二月初旬にはイスタンブルからイェレヴァンへの直行便が開始された。一月一四日にモスクワでトルコ側の特使、セルダル・クルチとアルメニア側の特使、ルベン・ルビンヤンの間で第一回交渉、二月二四日にウィーンで第二回交渉が行われた。三月一二日にはアンタルヤ外交フォーラムの一環としてトルコのチャヴシュオール外相とアルメニアのアララット・ミゾヤン外相の間で会談が実施された。そして六月にはアルメニアのニコル・パシニャン首相がエルドアン大統領の大統領就任式に出席した。

参考文献

Altınışık, Meliha Benli, "Soğuk Savaş Sonrası Dönemde Türkiye-İsrail İlişkileri" in Meliha Benli Altınışık (ed.), *Türkiye ve Ortadoğu: Tarih, Kimlik, Güvenlik*, İstanbul: Boyut yayinlari, 1999.

———, "The Turkish-Israeli Rapproachment in the Post-Cold War Era", *Middle Eastern Studies*, Vol. 36, No.2, 2000, pp. 172-191.

Aydıntaşbaş, Asli and Huggard Kevin, "Understanding Turkish response to Israel-Gaza Crisis", *Brookings Institute Website*, 7 December 2023.

Aykan, Mahmut Bali, "The Palestinian Question in Turkish Foreign Policy from the 1950s to the 1990s", *International Journal of Middle East Studies*, Vol. 25, No.1, 1993, pp. 91-110.

Bengio, Ofra, *The Turkish-Israeli Relationship: Changing Ties of Middle Eastern Outsider*, New York: Palgrave, 2004.

Cetinsaya, Gokhan, "Essential Friends and Natural Enemies: The Historic Roots of Turkish-Iranian Relations", *Middle East Review of International Affairs*, Vol. 7, No. 3, September 2003, pp. 116-132.

Karmon, Ely & Barak Michael, "Erdogan's Turkey and the Palestinian Issue Ely Karmon & Michael Barak", *Perspectives on Terrorism*, Vol. 12, Issue 2, April 2018, p. 74-85.

Özcan, Gencer, *Türkiye-İsrail İlişkilerinde Dönüşüm: Güvenliğin Ötesi*, İstanbul: TESEV Yayınları, 2005.

Yavuz, Hakan, "Erdoğan's Soft Power Arm: Mapping the Muslim Brotherhood's Networks of Influences in Turkey", *Muharram-Safar*, 1442, October 2020, pp. 1-48.

Yilmaz, Ihsan, "Erdogan's Political Journey: From Victimised Muslim Democrat to Authoritarian, Islamist Populist", *ECPS Leader Profile Series*, No. 7, 2021, pp. 1-22.

今井宏平「中東地域におけるトルコの仲介政策―シリア・イスラエルの間接協議とイランの核開発問題を事例として―」『中央大学社会科学研究所年報』第一七号、二〇一三年、一七一―一九〇頁。

田中聡一郎「「北層」の地域概念の発展―地域機構RCDの結成と動向を事例として」『アジア研究』六六巻第二号、二〇二〇年、二一―三七頁。

6 石油武器戦略から仲介外交へ
――ガザ紛争をめぐる湾岸諸国の対応の検討

堀拔功二

（ほりぬき　こうじ）
日本エネルギー経済研究所中東研究センター主任研究員
専門は湾岸諸国の政治・外交・安全保障動向の分析
著書に「ウラーへの道程―対カタール断交の解消と地域安定への課題」『国際問題』七〇二号などがある。

はじめに

二〇二三年一〇月のガザ紛争は、奇しくも一九七三年一〇月に発生した第四次中東戦争から五〇年の節目にあたった。一九七三年の当時、湾岸諸国はパレスチナへの連帯とイスラエルへの圧力を確認し、団結した。湾岸諸国は産油国として、親イスラエル国への石油禁輸や中立国への石油価格引き上げを通じて圧力をかけた。いわゆる「石油武器戦略」である。当時、世界の石油生産量に占める中東産石油の割合は約三九％であり、石油価格や世界経済への影響は非常に大きなものであった。国際社会が直面した「石油危機」は、パレスチナ問題の重要性と中東の安定性がエネルギー安全保障と深く連関することを強く認識させた。

今回のガザ紛争において、湾岸諸国はイスラエルを非難し、犠牲の拡大を憂慮するとともに、当事者に強く自制を求めた。しかしながら、そこには五〇年前に石油武器戦略を発動し、パレスチナの解放を目指したほどの熱意は見られなかった。当時とは異なり、国際社会における湾岸諸国の地位は確立しており、責任あるエネルギー供給国として石油を武器として使おうとしなかったのである。また二〇二〇年にアラブ首長国連邦（UAE）とバハレーンがイスラエルと国交正常化し、その後もオマーンやサウディアラビアとの外交的接近が報じられるなかで、パレスチナの解放を目指す「アラブの大義」は、もはや一部の国を除き過去のものになってしまった。その一方で、市民の間ではパレスチナとの連帯を求める声が再び高まった。そのため、ガザ情勢が悪化していくにつれ、湾岸諸国もイスラエル批判やエスカレーションの回避に向けた外交努力に力を入れざるを得なくなった。

本章では、ガザ紛争発生から三か月間の動向について、湾岸諸国の対応を中心に分析する。はじめに、歴史的背景としてパレスチナ問題と湾岸諸国の関係について概観する。つぎに、湾岸諸国がガザ紛争にどのような反応を示し、対応してきたのかを整理する。そのうえで、イスラエルとハマースの人質解放交渉の仲介役を担っているカタルの役割について分析する。

1　背景――パレスチナ問題と湾岸諸国

(1) 湾岸諸国のパレスチナ問題への歴史的対応

ガザ紛争に対する湾岸諸国の反応を見る前に、湾岸諸国とパレスチナ・イスラエル関係について簡単に見ていこう。湾岸諸国のパレスチナ問題やイスラエルに対する関係は異なっており、必ずしも一枚岩ではない。その異なりは、今回のガザ紛争への対応の違いや温度差にもつながっている。

湾岸諸国にとってパレスチナ問題とは、他の多くのアラブ諸国と同様に、同胞パレスチナ人と連帯してパレスチナ国家の樹立を目指すもので、解決しなければならない重大な問題であった。湾岸諸国は一九六〇〜七〇年代の独立前からパレスチナを支援しており、例えば後に政治的中心組織となるファタハはクウェートで設立され、指導者のヤーセル・アラファートも一九五〇年代を同国で過ごしていた（Zahlan 2009: 12）。第四次中東戦争に際しては、前述の通り石油武器戦略を発動するとともに、「前線国家」であるシリアやエジプトに対する財政的な支援を行うなど、「アラブの大義」は主要な外交課題を構成していたのである。建国間もない湾岸諸国はパレスチナ支援を通じて、アラブ世界において外交的レジティマシーを確保しようとしたと言える。

またパレスチナから避難してきた人々は、石油ブームに沸く湾岸諸国で出稼ぎ労働者として活躍した。とりわけ教育を受けていたパレスチナ人は、湾岸諸国の政府部門や教員として国家建設を支えた。例えばＵＡＥのザキー・ヌサイバ国務相は一九四六年にエルサレムで生まれたパレスチナ人であり、長く同国建国の父であるザーイド大統領のアドバイザーを務めた人物である。またヌサイバ国務相の娘のラーナー・ザキー・ヌサイバは、二〇一三年からＵＡＥ国連常駐代表を務めている。ただし、パレスチナ人が受入国で政治活動を行うことについては歓迎されておらず、次第に風当たりが強まっていった。一九九〇年にイラクがクウェートを侵攻するとＰＬＯはイラクへの支持を表明し、パレスチナはアラブ世界で孤立を深めた。その後、湾岸諸国はパレスチナ人労働者を追放し、外国人労働者はアジア系が主流化していく。ＰＬＯは湾岸諸国で働くパレスチナ人労働者から徴税していたため、イラクへの支持と引き換えに貴重な収入源を失ったのである（Zahlan 2009: 92–94）。

その後、湾岸諸国はＰＬＯに代わる政治主体としてハマースへの支援も行うようになった。二〇〇〇年代前半には、湾岸諸国からハマースへ毎年一二〇〇万ドルの資金援助が行われていたとする推計もある（Ramani 2015）。二〇〇六年にパレスチナ立法評議会選挙が行われてハマースが圧勝し、ファタハとの関係が悪化すると、カタルやサウディアラビアはそれぞれ両者の仲介を試みたが失敗した。またハマースは二〇〇五年にイランで対イスラエル強硬派のアフマディネジャード政権が誕生すると、同国との関係を強化した（横田 二〇一〇年：七九頁）。このことは、核問題など安全保障をめぐりイランとの緊張を高めていた湾岸諸国にとって、ハマースに対する警戒を強めることにつながったのである。

とはいえ、湾岸諸国は今日においても、パレスチナ問題の解決を重要な課題であると考えている。湾岸諸国は一九九三年にイスラエルとパレスチナの間で締結されたオスロ合意を支持し、二〇〇二年にはサウディアラビアのアブドゥッラー皇太子が「アラブ和平イニシアティブ」の採択を主導した。これは、パレスチナ問題の解決と引き換えにアラブ諸国とイスラエルの国交正常化を進めるもので、今日でも現実的な解決案であると考えられている。また湾岸諸国は毎年開催する湾岸協力会議（GCC）の首脳会議において、最終声明にパレスチナ問題への解決を盛り込んでおり、依然として外交的に重要なテーマであることがわかる。

（2）湾岸諸国とイスラエルの非公式な関係構築

湾岸諸国はパレスチナ問題を重視する一方で、水面下においてはイスラエルとの非公式関係を構築してきた。それは、イスラエルの存在を現実的に無視することはできず、安全保障や諜報、治安、外交、経済など様々な分野で非公式であっても関係を持つことが実利的であると判断したからである。

一九九三年にイスラエルとパレスチナの間でオスロ合意が締結されると、湾岸諸国は一九九四年にイスラエルに対する第二次ボイコットと第三次ボイコットを解除した（MEED, Oct. 14, 1994）。またイスラエルは湾岸諸国へアプローチするようになり、一九九六年にはオマーンとカタルに通商代表部を設置（カタルは二〇〇九年に閉鎖）するなど、非公式な関係が生まれ始めたのである。その後も、パレスチナ情勢の変動の裏で、両者は非公式関係を維持した。またイランで核開発問題が持ち上がり安全保障上の対立が発生すると、湾岸諸国は「敵の敵は友」の論理で、同じくイランと敵対するイスラエルと安全保障面で協議するようになった。そして、二〇一七年に米国でトランプ政権が誕生すると、同国は湾岸諸国とイスラエルを仲介する形で協力関係の構築を促した。その結果、UAEとバハレーンは二〇二〇年九月、イスラエルとアブラハム合意を結んで国交を樹立したのであった（堀抜 二〇二〇）。

アブラハム合意の締結は、湾岸諸国にとってある種の「パラダイム転換」である。すなわち、パレスチナ問題の解決を主張する立場を放棄するものではないものの、イスラエルとの関係拡大を容認し、国交樹立へのハードルを下げるものになったからだ。例えばサウディアラビアのムハンマド・ビン・サルマーン皇太子は二〇二三年九月、米国FOXニュースとのインタビューに応じ、イスラエルとの関係正常化について「日々近づいている」とコメントしており、それについて隠す素振りも見せていない（Fox News, Sep. 21, 2023）。このようなサウディアラビアとイスラエルの接近を阻止することは、ハマースによる一〇月七日の攻撃の理由の一つになったと考えられる（Alrebh 2023）。これとは対照的に、カタルとクウェートはパレスチナ国家の樹立までイスラエルとの国交正常化はありえないとする立場を堅持している。特にクウェートは「イスラエルと国交正常化する最後の国になる」ことを主張しており、国民もこれを強く支持している（Times of Israel, Aug. 16, 2020）。

このように、政府レベルではイスラエルに対する距離感は大きく変化している。一方で、国民レベルではイスラエルに対する反発とパレスチナへの支持は根強い。中東における主要な世論調査の結果を見てみよう。「アラブ青少年調査」によると、「自国政府とイスラエルの国交正常化について」賛否を問う質問に対して、国交正常化したUAEでは回答者の七五％が賛意（強く支持／やや支持）を示した一方で、バハレーンでは回答者の五三％が反対（強く反対／やや反対）している。またサウディアラビアでは回答者の九八％、クウェートでは八六％、オマーンでは六一％が自国政府とイスラエルの国交正常化に反対していた（Asda'a Bcw 2023: 20–21）。またカタル系シンクタンクのアラブセンター・ワシントンDCが毎年アラブ諸国で実施する世論調査でも、湾岸諸国市民の根強いイスラエルに対する嫌悪感とパレスチナへの支持が明らかになっている。二〇二二年の調査結果によると、「自国政府のイスラエルとの国交正常化に賛成するか反対するか」という質問に対して、カタルの回答者の八七％、クウェートの回答者の八五％が反対した。またサウディアラビアでは回答者の三八％が反対し、五七％は「わからない／回答しない」と答えており、イスラエルと接近する同国の立場を示している可能性がある（Arab Center Washington DC 2023）。

2　ガザ紛争への反応と対応

（1）パレスチナ連帯が再燃した湾岸諸国

このように、湾岸諸国のパレスチナ問題とイスラエルに対する眼差しや関係性は、この五〇年間で大きく変化していることが分かる。つぎに、二〇二三年一〇月七日のハマースによる対イスラエル攻撃とその後の紛争について、湾岸諸国がどのように反応してきたのかを見ていこう。以下では、湾岸諸国のなかでも「イスラーム世界の盟主」であるサウディアラビアと、イスラエルと国交を有するUAEを中心に、その対応を時系列で整理していく。また次節では、仲介役を担うカタルの役割を分析していく。

一〇月七日にハマースがイスラエルに対して攻撃を仕掛けると、湾岸諸国は関係国と連絡を取り合いながら事態の対応について協議した。各国外務省は同日に相次いで声明を発出し、表一の通り①事態の注視、②エスカレーションの防止と当事者の自制、③パレスチナ問題の公正で包括的な解決、の三点を共通して主張した。しかし、その後の声明を含め、各国には微妙な温度差が見られる。クウェート、カタル、オマーンは、今回の

表1　湾岸諸国のガザ紛争勃発時の声明要旨

国名	声明要旨
サウディアラビア	前代未聞の事態を注視。双方にエスカレーションの即時停止、民間人の保護、自制を要請。エスカレーションの原因としてイスラエルによる継続的な占領を非難。国際社会に対して二国家解決につながる和平プロセスの活性化を要請。
クウェート	イスラエルによるパレスチナ人民への露骨な侵害と攻撃の結果起こったガザでの事態悪化に深い憂慮を表明。国連安全保障理事会に対して責任を負い、進行中の暴力を止め、パレスチナ人を守り、イスラエルによる挑発行為を止めることを要求。パレスチナの独立国家樹立を支持。
カタル	ガザ情勢に深い懸念を表明。当事者に事態の悪化を止め、最大限の自制を要請。エスカレーションの責任はイスラエルにあると非難。国際社会に対して、イスラエルの国際法違反を止めさせるよう要請。パレスチナの大義と独立国家樹立などの権利を再確認。
オマーン	イスラエルによるパレスチナの継続的不法占拠や攻撃の結果、事態が悪化していることを注視。当事者に最大限の自制と民間人の保護の重要性を強調。国際社会に対してエスカレーションを阻止し国際法に訴えるための介入を要請。二国家解決案と独立国家の樹立に基づくパレスチナ問題の解決を強調。
UAE	イスラエルとパレスチナの間で暴力が拡大していることに強い懸念を表明。すべての犠牲者に哀悼の意を表明。最大限の自制と即時停戦を呼びかける。国際社会に対して、公正で包括的な和平を達成するためのあらゆる努力の強化を要請。またハマースの攻撃を非難。
バハレーン	パレスチナ人グループとイスラエル軍の間で暴力が増加し多数の死傷者が発生している事態を注視。緊張緩和の必要性を強調。暴力の継続が中東和平を目指す努力を妨げると警告。国際社会にパレスチナ国家の樹立や武力紛争を終結させる役割を要請。

（出所）　各国外務省発表より筆者作成。

事態はイスラエルによるパレスチナに対する継続的な占領や抑圧の結果であるとし、イスラエル側の責任を明確に追及したのである。一方で、ＵＡＥ外務省は一〇月八日に別の声明を発表しており、攻撃を仕掛けた側であるハマースも明確に批判した。その後、イスラエルによるガザ攻撃が本格化するなかで各国政府は公式声明を発出し、イスラエルに対する批判を強め、即時停戦とガザへの人道回廊の設置を要求していった。一〇月一七日にガザのアル＝アハリ・バプティスト病院が「空爆」されると、ＵＡＥやバハレーンの公式論調もイスラエル批判を強めざるを得なくなった。

　また湾岸諸国の市民レベルでは、反イスラエル感情が大きく盛り上がりを見せることになった。ＳＮＳではパレスチナへの連帯とイスラエルへの批判が叫ばれ、人道支援の拡大に向けた寄付や支援物資の提供、ボランティア活動が活発になった。クウェート、バハレーン、カタル、オマーン、ＵＡＥでは、市民が参加するパレスチナ支持の抗議活動が発生している。湾岸諸国政府は通常、公的空間でのデモ活動を厳しく取り締まっており、デモが起こっても警察などが介入して直ちに中止させられる。しかしながらガザ紛争を受けて、政府はパレスチナ問題を国内で政治化させたくないものの、言論を過度に抑え込んで市民から反発を受けることも避けたかった。バハレーンではパレスチナ連帯デモの実施が容認されたようで、当局による介入は行われていないとされる（Amwaj Media, Dec. 30 2023）。またドバイではCOP28の会場（ブルーゾーンと呼ばれる国連エリア）においてパレスチナ連帯のデモが実施され、即時停戦が訴えられた（Reuters, Dec 4, 2023）。

このほか、イスラエルと経済関係の深い企業に対するボイコットも見られた。湾岸諸国でも人気のあるマクドナルドやスターバックス・コーヒー、KFCなど大手外資系の飲食店は、イスラエルを支持していると認識されており、ボイコットが呼びかけられた。もっとも、各国の店舗は地元フランチャイズ企業によって運営されているため、イスラエルとの直接的な関係はない。各社はイメージ回復のため、独自にパレスチナ連帯のメッセージを出していたりする（Arab News, Oct. 26 2023）。具体的な経済損失については不明であるが、ガザ紛争は地域経済にも影響を与えている。

このように、市民レベルでもイスラエルに対する批判とパレスチナに対する連帯表明が行われている。ただし、これは必ずしもハマースの存在や今回の越境攻撃を支持するものではないことには注意が必要である。

（2）サウディアラビアの対応

悪化するガザ情勢を受けて、湾岸諸国は事態の鎮静化を目指して中東諸国や国際社会と協議を進めた。紛争が勃発した一〇月七日当日、サウディアラビアのファイサル外相と米国のブリンケン国務長官が電話会談を行い、エスカレーションを止める必要性について協議した。その後、同国のムハンマド・ビン・サルマーン皇太子はパレスチナ、ヨルダン、エジプト、イラン、トルコなど中東諸国の首脳らと相次いで電話会談を行い、事態の対応に向けて協議している。事態の急速な悪化はサウディアラビアとイスラエルの接近にも確実に影響を与えており、米国が支援する国交正常化計画が凍結されたと報じられている（Reuters, Oct. 13, 2023）。一〇月一八日にはジェッダでイスラーム協力機構（OIC）の閣僚級緊急会合が開催され、ガザ情勢について協議した。また同月二〇日にリヤードで開催されたGCC・ASEAN首脳会議においても、議題の一つとしてガザ情勢が取り上げられ、停戦や人道支援の確保、民間人の保護などを呼びかけた。

またサウディアラビアは一一月一一日にアラブ・イスラーム諸国首脳臨時会合を主催し、ガザ紛争について協議を行った。ここには、中東主要国から首脳級の参加があり、サウディアラビアと二〇二三年三月に国交を回復したイランのライースィー大統領の参加もあった。会合では、ガザ侵略の即時停止や人道支援の必要性が確認され、またイスラエルによる戦争犯罪を糾弾するとともに、イスラエルが自衛のためにガザ攻撃を正当化することを拒否した。中東・イスラーム諸国がガザ紛争の重大性を議論し、足並みを揃えた点については評価される。一部報道によると、アラブ諸国は在アラブ諸国米軍基地からイスラエルへの武器弾薬補給の禁止や対イスラエル関係の凍結、石油や経済力を用いて停戦に向けた圧力をかけることを求める提案が行われようとした。しかしながら「影響力のある四ヵ国」の反対で提案が阻止された、と報じられている（The New Arab, Nov. 11, 2023）。

また、湾岸諸国はGCC首脳会議においてもガザ紛争を中心的な議題として取り上げた。一二月五日に第四四回GCC首脳会議がドーハで開催され、UAEのムハンマド大統領やサウディアラビアのムハンマド皇太子など首脳級が出席した。首脳会議の冒頭、主催国であるカタルのタミーム首長が演説を行い、イスラエルはガザでジェノサイドを行っていると非難した。また最終声明においてもイスラエルによるガザ侵略を非難し、パレスチナ人との連帯を表明するとともに、イスラエルの軍事作戦の即時停止と人道支援の拡大や、パレスチナ国家の樹立を確認した。ガザ紛争発生後、湾岸諸国の間には温度差があったため、GCC首脳会議を通じて足並みを揃えることが目指されたのである（堀抜 二〇二三）。

（3）ガザとイスラエルの間でバランスを取るUAEの対応

湾岸諸国のなかでも、イスラエルと国交をもつUAEは、事態の悪化を避けるという点では一致するものの、他のアラブ諸国とは明らかに温度差があった。アブラハム合意の締結後、UAEはイスラエルとの経済・貿易・投資関係を拡大しており、経済多角化へ向けたイスラエルへの期待が高まっていた。ガザ紛争が起きて間もなく、UAEのサーニー・ゼイユーディー貿易担当国務相は、ガザ紛争はUAEとイスラエルの経済合意に影響を与えないとの考えを明らかにし、「我々は経済と貿易を政治と混ぜない」と発言した（Reuters, Oct. 10, 2023）。またハマースに対しては攻撃と人質問題を非難するなど、イスラエルと国交をもつ国としてバランスを取ろうとしている。

しかしながら、ガザ情勢の悪化に伴い、UAEもイスラエルを非難する声を強めたし、また事態の打開へ向けた取り組みに本腰を入れるようになった。UAEは国連安全保障理事会の非常任理事国（任期：二〇二二～二三年）であったため、中東・イスラーム世界の声を安全保障理事会の場で代弁することが期待されていたからだ。そのため、UAEは他の安保理メンバーと共にパレスチナ情勢に関する会合の招集を行うとともに、停戦や人道支援の実施に向けた決議案の作成や調整に力を入れた。

国連における声明を見ると、UAEはガザ紛争の端緒となったハマースによる人質連れ去りを非難し、即時解放を主張してきたことがわかる。同時に、イスラエルによるガザ攻撃は過剰な報復で集団懲罰的な政策であり、さらに国際法や国際人道法に反するものであると批判している。さらに、ヨルダン川西岸における不法な入植やパレスチナ人に対する暴力の悪化も非難しており、イスラエルの長年にわたる占領政策と国際社会の責任も追及した。イスラエルとハマースの停戦延長交渉が失敗し、情勢が再び悪化すると、UAEは一二月八日に人道的停戦を求める決議案を安全保障理事会に提出したが、米国の反対により否決された。また一二月一一日には、ＵＡＥが国連安保理メンバーおよび次期非常任理事国に対して、ラファ検問所の非公式訪問を調整し、現地でのブリーフィングと視察が実現した（Security Council Report, Dec. 16, 2023）。その後、一二月二二日にＵＡＥは再び人道支援に関する決議案を提案し、安保理決議二七二〇として採択された（UN News, Dec. 22, 2023）。

３　紛争仲介に走るカタルとその限界

（１）カタルの仲介外交

ガザ紛争が発生すると、紛争当事者ではないカタルの名前が一躍世界からの注目を集めることになった。それは、カタルが仲介外交に実績をもち、かつハマースとも良好な関係を維持していたため、人質の解放に向けた仲介役としての期待が高まったからである。

ハマースとイスラエルの仲介について分析する前に、カタルの仲介外交について見ていこう。カタルが得意とする仲介外交とは、地域紛争や政治対立について、仲介者として、当事者間の建設的な交渉を促し、調停を試みる外交政策である。それはカタルにとって「小国の生存戦略」であり、問題の調停を通じて国際的な名声と信頼を獲得し、敵対勢力を減らすとともに国家と体制の安全保障を確保することがその狙いなのである（Kamrava 2011）。カタルはハマド・ビン・ハリーファ政権（一九九五～二〇一三年）の時期から、中東域内外における紛争の調停に取り組んでおり、スーダン内戦やレバノン政治対立の仲介を行ってきた。それ以降も様々な問題の仲介に関与しており、近年では米国・ターリバーン和平合意（二〇二〇年）、チャド紛争和平合意（二〇二二年）、米国・イラン囚人交換（二〇二三年）、ロシアに連れ去られたウクライナ人児童の解放（二〇二三年）などの実績を残している。仲介作業は原則として当事者からの要請を受けて行われるもので、「対話のファシリテーター」や「メッセンジャー」として中立的な立場で関与するものである。カームラーヴァの研究では、政府首脳や外交官が個人レベルでも相当に関与することにより、事態の打開を図っていることが明らかにされている（Kamrava 2011: 555）。

カタルが仲介外交を実践するにあたり、多方面との外交関係・交流の維持が必要になる。カタルは「全方位外交」を行っており、友好国だけではなく、時には国際社会が「テロ組織」と見なす団体ともコミュニケーションをとっている（堀拔 二〇一三年：八七頁）。二〇二一年八月にターリバーンがアフガニスタンで暫定政権を樹立して国内が混乱していた時も、カタルがターリバーンと交渉窓口を有していたため、同国からの外国人や難民の脱出が可能であった（堀拔 二〇二一年：六九頁）。その一方で、「テロ組織」との関係をめぐり、カタルは「テロ支援国」との誹りを受け国際的な批判に晒されることもある。

（２）イスラエル・ハマース仲介をめぐるカタルの立場

ガザ紛争が勃発し、ハマースが多くのイスラエル人と外国人を誘拐してガザへ連れ去ったことが明らかになると、カタルは人質解放のために直ちに仲介作業に着手した。一〇月九日には、カタルがイスラエル人の女性や子供の解放に向けた仲介交渉を行っているとロイターが報じた（Reuters, Oct. 9, 2023）。両者を仲介するとはいえ、カタルのイスラエルに対する姿勢は極めて厳しいもので、一〇月七日に発出された声明はイスラエルの全面的な責任を問うものであった（QNA, Oct. 7, 2023）。その後もイスラエル批判は展開されており、タミーム首長は一〇月二四日の諮問評議会開会演説において「イスラエルに無条件で殺戮の許可とその自由を与えることは許されない」と発言している（QNA, Oct. 24, 2023）。

カタルによる仲介交渉について分析する前に、簡単にカタルとイスラエルおよびハマースとの関係について確認する。イスラエルについては、カタルは正式な国交を有していないものの、長らく非公式な関係を有してきた。一九九五年にハマド・ビン・ハリーファが政権に就くと、カタルは独自外交路線を取りサウディアラビア依存から脱却を図ろうとした。またパレスチナ問題の現実的な解決を目指し、イスラエルとプラクティカルな関係を築くようになり、一九九六年には同国のペレス首相がドーハを訪問し、通商代表部が設置された。ただし、当時の湾岸諸国ではイスラエルと公然とコミュニケーションを取ることに対して理解を得られておらず、カタルと周辺国との摩擦や対立を招いている。その後、二〇〇八年一二月のイスラエルによるガザ攻撃を受けて、翌年一月にカタル政府は通商代表部を閉鎖した（Rabi 2009）。ただし、カタルはイスラエルと水面下で非公式関係を維持していた。それは、パレスチナ、特にガザ支援のためにイスラエルの承認を必要としたからである。カタルはガザ地区に対する人道支援に加え、ガザ市民に現金給付を行い、ハマース政府に代わり公務員の給料を支払ってきた（Ibish 2023）。カタルのガザ支援はイスラエルにとって、ガザの「暴発」を防ぐ上で重要であるため、イスラエル側もカタルとコミュニケーションを取り続けてきたと言える。

またカタルはハマースとも緊密な関係を有している。ガザ紛争が起こる前からよく知られていたように、ドーハには二〇一二年からハマースの政治事務所が置かれており、複数名の幹部が駐在していた。「アラブの春」が起きた際、ハマースは当時拠点としていたシリアでバッシャール・アサド体制と対立し、同地を離れた。この時、在外ハマースの新しい活動拠点を引き受けたのがカタルであった。カタルは歴史的にムスリム同胞団を支援してきたため、その流れをくむハマースに対しても親和的であった。またパレスチナ問題、とりわけガザの人道支援にも関心をもって取り組もうとしており、ガザ地区を実効支配するハマースとの関係維持は戦略的に重要であった。なお、カタルがハマース政治事務所をドーハに設置するにあたり、米国からの要請と支持があった（Financial Times, Oct. 26, 2023）。なぜなら米国にとっても、「テロ組織」として指定するハマースが同国と敵対するシリアやイランに活動拠点を置くよりも、同盟国であるカタルの監視下に置くことの方が動向を把握する上で好都合であったと言えるからだ。

このように、カタルはイスラエルともハマースとも関係を有しており、両者を仲介することが可能な立場にあった。カタルのほかには、エジプトやトルコもやはり両者との関係を有しており仲介可能な立場にあった。後述するように、エジプトはカタルと協力して人質解放と停戦に向けた仲介を行った。

(3) イスラエル・ハマース仲介におけるカタルの関与

それでは、カタルの一〇月から一二月にかけての人質解放と停戦に向けた仲介交渉について公開情報をもとに見ていこう。

ガザ紛争が勃発の直後から、人質解放に向けた仲介作業が始まっていたようである。ロイターがその舞台裏を詳報しているが、それによるとカタルは一〇月七日の段階で人質解放に関する機密情報を米国側に伝えていた。イスラエルや米国と問題を解決するために、少人数の担当者から構成される「セル」と呼ばれる交渉チームが立ち上げられ、極秘に交渉が始まった。カタルのムハンマド・ビン・アブドゥルラフマーン首相兼外相と米国のマクガーク中東特使が毎日電話会談を行い、その内容はバイデン大統領にも説明されていた（Reuters, Nov. 22, 2023）。

人質の中には多数のイスラエル・米国の二重国籍者も含まれていたため、米国はカタルの協力を必要としていた。実際、米国のカービー国家安全保障会議戦略広報調整官はTV番組内で「米国やイスラエルはハマースと接触できないが、カタルは可能だ」と述べており、カタルの仲介に期待を寄せている（Wall Street Journal, Oct. 11, 2023）。ブリンケン国務長官は一〇月一三日、紛争発生後初めてドーハを訪れ、タミーム首長とムハンマド首相兼外相と会談した。そして一〇月二〇日には、はじめて米国人の人質二名が解放された。この頃、米国の保守派やユダヤ・コミュニティからは、カタルがハマースを支援していることを批判する声が出ており、米国政府も対応に苦慮していた（Axios, Oct. 25, 2023）。

カタルを仲介とした極秘交渉が行われる一方で、カタルのタミーム首長やムハンマド首相兼外相は域内外の首脳や外相と相次いで電話および対面会談を行っていた。紛争発生から最初の二週間で六一件の首脳・外相級会談が行われており、パレスチナやサウディアラビア、エジプト、ヨルダン、トルコ、米国などの主要国や国連と事態について協議した。日本もこの時期に、岸田首相と上川外相がそれぞれカタル側と電話会談を行っているほか、上村政府代表が特使としてカタルへ派遣されている。また電話会談を行った国のなかには、ハマースに多数が誘拐されたタイも含まれている。このように、国際社会は早い時期から、カタルが人質解放と事態の打開に向けてカギを握る存在であると認識していたと言える。

またイスラエル側も、人質解放にあたってはカタルの仲介が必要であると現実的な判断を行い、協力を求めるようになった。イスラエルのハネグビ国家安全保障顧問はSNSのX（旧ツイッター）に「カタルが人道的解決の促進に不可欠な当事者」であると指摘し、「カタルの外交努力はこの時期極めて重要だ」と投稿した。この異例の発言についてはイスラエル政府内からも反発を受けたが、投稿の数日後には諜報機関モサドのバルネア長官がドーハを極秘訪問している（The Jerusalem Post, Oct. 31, 2023）。

なお、カタル国内におけるカタル政府とハマースの接触については ほとんど報道されていない。人質はハマース軍事部門の カッサーム旅団やガザの政治部門が管理していると考えられているが、カタル政府が直接コミュニケーションを取れたのはあくまでドーハにいる政治局幹部だけのようであった。ムハンマド首相兼外相もインタビューで軍事部門との直接的な交渉を否定している（CBS News, Nov. 26, 2023）。

一〇月末にガザ地区において地上作戦が始まり、パレスチナ側の被害が拡大した。一一月に入ると人質解放と停戦、人道支援の拡大に向けて交渉が本格化していった。一一月九日、ドーハに米国のバーンズCIA長官とイスラエルのバルネア・モサド長官が集まり、カタルのムハンマド首相兼外相と協議を行った。その後、人質解放に向けた具体的な条件が煮詰まってきたようで、五〇人の人質解放と引き換えに三日間の停戦を行うという条件でカタルが交渉中であるとロイターが報じた（Reuters, Nov. 16, 2023）。カタル外務省報道官も一一月二一日に、同国の仲介が最終段階に達したとし、ハマースとイスラエルが「休戦合意に近づいている」と発言した（QNA, Nov. 21, 2023）。

そして、カタル外務省は一一月二二日に声明を発表し、カタル、エジプト、米国の仲介により両者の調停が完了したことを明らかにした。仲介条件は、ハマースが五〇名の人質を解放し、イスラエルが収監するパレスチナ人受刑者と交換する。また四日間休戦し、ガザ地区に人道支援物資の搬入を可能にするものである（QNA, Nov. 22, 2023）。なお、交渉が大詰めを迎えるころには、カタル政府はイスラエルとガザに職員を派遣して関係者との連絡を取り合っていた（QNA, Nov. 27, 2023）。

ただし、この発表をもって直ちに人質の解放には至らなかった。一一月二二日の午後、ドーハではカタルのムハンマド首相兼外相、イスラエルのバルネア・モサド長官、エジプトの諜報将校団による詰めの交渉が始まっており、ハマースも別室から交渉に参加した。停戦中のイスラエル軍の配置やガザの病院からの撤退、合意違反時の対応メカニズムなど、両者の合意を得るまで、翌二三日早朝まで交渉が続いた（Reuters, Dec. 2, 2023）。ハマースとイスラエルは合意にもとづき、一一月二四日から人質交換と停戦を開始し、その後も何度かの人質の追加解放と停戦延長交渉により、合わせて一〇三名の人質（うち外国人二四名）解放と七日間の停戦が実現した。この間、カタルはドーハにある国家司令センター内に作戦室を設置し、停戦状況を監視し、ハマースおよびイスラエルと連絡を取り続けた（Al Jazeera, Nov. 24, 2023）。

その後、イスラエルとハマースの交渉は頓挫し、イスラエルはガザへの攻撃を再開した。そしてイスラエル政府は、モサドの交渉チームをドーハから引き揚げることを指示した。その際、ネタニヤフ首相事務所がモサドに代わり声明を発出し、「モサド長官はCIA長官、エジプト諜報相、カタル首相に対して、そのパートナーシップと八四名の女性と子ども、さらに二四名の外国人をガザから救出に導いたことに謝意を示す」と述べている（Times of Israel, Dec. 2, 2023）。ただし、水面下では人質解放に向けた交渉は継続しており、カタルとイスラエル、米国、エジプトの関係者が接触している。一二月下旬にはイスラエル側から新しい交渉条件が提示されるに至ったものの、年内に進展は見られなかった。

このように、カタルは人質解放と停戦に向けて、ハマースとイスラエルの仲介作業を行い、合意形成において重要な役割を担ったことがわかる。従来のカタルの仲介外交とは異なり、今回は問題の規模が大きく複雑であったため、エジプトや米国という主要国と協力・連携していた。また仲介者として「中立」の立場に徹したわけではなく、積極的に交渉に参加したのである。実際、カタル政府の交渉関係者は「もし私たちが郵便配達員のように手紙だけを配達すると決めていたら、この合意は成立しなかっただろう」と発言している（Reuters, Dec. 2, 2023）。

おわりに

ガザ紛争は現時点で解決の見通しが立っておらず、人道危機が拡大し続けている。五〇年前に石油武器戦略を発動していた時代とは地域政治も立場も異なるため、湾岸諸国が事態の打開にむけて影響力を行使できる可能性は限定的であり、国際世論の形成や人道支援に留まっている。そのなかでも、カタルは人質解放と停戦に向けてハマースとイスラエルの仲介を続けている。当事者および国際社会は、引き続きカタルの支援を必要としている。

湾岸諸国にとって目下の懸念は、紛争の地域への波及である。とりわけイエメンのフーシー派がパレスチナへの強い支持とイスラエルへの攻撃を宣言しており、実際に紅海を航行するイスラエル関係船舶を攻撃している。一一月一九日に日本郵船が運航するギャラクシー・リーダー号がフーシー派によって乗っ取られると、それ以降も民間船舶への攻撃が頻発している。大手船舶会社は紅海・アデン湾周辺での運航を停止する措置をとっており、国際的な物流へも影響が出ている。湾岸諸国にとってもフーシー派の活動の活発化は懸念するものであるが、その一方でイスラエルへの攻撃を大義に掲げているため、フーシー派の行動を正面から批判し辛いという理由もある。

湾岸諸国はこれから、ガザ紛争の解決をいかに支援できるか、そして紛争後のガザ再建にどのような形で関与できるのだろうか。このことは、将来の中東・イスラーム世界における湾岸諸国の影響力を測る重要な試金石になるだろう。

参考文献
堀拔功二（二〇一三）「カタル外交の戦略的可能性と脆弱性――『アラブの春』における外交政策を事例に――」土屋一樹（編）『中東地域秩序の行方――「アラブの春」と中東諸国の対外政策』アジア経済研究所、八三―九八頁。
――（二〇二〇）「UAEにおける対外戦略の変化と対イスラエル国交正常化の狙い」『中東協力センターニュース』二〇二〇年一〇月号、一一―一一頁。

――― （二〇二一）「独自ネットワークで存在感高まるカタール」『外交』vol. 69：六八―七〇頁。

――― （二〇二三）「第四四回GCC首脳会議：ガザ・イスラエル紛争が中心議題になる」『中東研ニューズリポート』中東研究センター、二〇二三年一二月六日配信。

横田貴之（二〇一〇）「ハマースとイランの関係――ハマースの視点から」『二〇〇九年大統領選挙後のイランの総合的研究：内政、外交、国際関係』日本国際問題研究所、七一―八三頁。

Arab Center Washington DC (2023). "Arab Opinion Index 2022: Executive Summary" <https://arabcenterdc.org/resource/arab-opinion-index-2022-executive-summary/>

Asda'a Bcw. (2023). *Arab Youth Survey 2023*. <https://arabyouthsurvey.com/wp-content/uploads/whitepaper/AYS-2023-Whitepaper_English.pdf>

Ibish, Hussein. (2023). "Qatar May Hold the Key to Hamas' - and Gaza's - Future," The Arab Gulf States Institute in Washington. <https://agsiw.org/qatar-may-hold-the-key-to-hamas-and-gazas-future/>

Kamrava, Mehran. (2011). "Mediation and Qatari Foreign Policy," *Middle East Journal* 65 (4): 539-556.

Alrebh, Abdullah F. (2023). "Is Saudi-Israel normalization still on the table?," Middle East Institute. <https://www.mei.edu/publications/saudi-israel-normalization-still-table>

Rabi, Uzi. (2009). "Qatar's Relations with Israel: Challenging Arab and Gulf Norms," *Middle East Journal*, 63 (3): 443-459.

Ramani, Samuel. (2015). "Hamas's Pivot to Saudi Arabia," Carnegie Endowment for International Peace <https://carnegieendowment.org/sada/61315>

Zahlan, Rosemarie Said. (2009). *Palestine and the Gulf States: The Presence at the Table*. New York and London: Routledge.

7 ガザ危機とアメリカ

三牧聖子

（みまき　せいこ）

同志社大学大学院グローバル・スタディーズ研究科准教授

専門はアメリカ研究、平和研究、国際関係論

著書に『戦争違法化運動の時代──「危機の20年」のアメリカ国際関係思想』（名古屋大学出版会）、『リベラリズム──失われた歴史と現在』（共訳・解説、ヘレナ・ローゼンブラット著、青土社）、『Z世代のアメリカ』（NHK出版）、『自壊する欧米──ガザ危機が問うダブルスタンダード』（集英社）などがある。

1　イスラエルを全面擁護するアメリカ

アメリカは、今後世界に対して「人権」や「法の支配」の重要性を主張できるのか。厳しい意見が、国際社会に広がっている。二〇二三年一〇月七日、パレスチナ自治区ガザ地区を支配するイスラム組織ハマスによる襲撃でイスラエル市民約一二〇〇人が殺害され、外国人を含む二四〇名超が人質とされた。イスラエルのネタニヤフ政権は即座に報復として大規模な空爆と地上戦に乗り出し、パレスチナ市民に膨大な犠牲が生まれている。国連職員の犠牲も一一月上旬に一〇〇名を超えた。国連でイスラエルのエルダン国連大使は攻撃をこう正当化した。「ガザで働く国連職員の多くはハマスだ」。同様の論理でイスラエルは、病院や難民キャンプへの攻撃も正当化してきた。国連の人権高等弁務官は、ハマスの襲撃とともに、イスラエルによるパレスチナ市民への集団的懲罰も戦争犯罪にあたるという見解を示している。

こうしたイスラエルの軍事行動を最も強力に支えてきたのがアメリカだ。テロから数日後、一〇分に及ぶ演説を行ったジョー・バイデン大統領は、ハマスによるテロを「悪の所業」と断罪し、「イスラエルは悪意ある攻撃に対抗する権利、さらには義務がある」と強調した[1]。この演説に先立つ電話会談で両首脳は「イスラエルやアメリカのような強い民主主義国家が、不必要に民間人を標的にしないためにはどうすべきか」について話し合ったという。このときバイデンは、「テロリストは意図的に民間人を標的にし、殺すが、我々は戦時の法を守る。これは重要なことだ」と強調したという[2]。しかし、イスラエルの軍事行動が、民間人や民用施設の保護等、国際人道法が定めるところを遵守していないことはもはや明らかになっている。米国務

省にも、イスラエルによる国際法違反の報告は随時届いている。一二月にはパレスチナ市民の犠牲は二万を超した。それでも、バイデン政権はイスラエル支持の姿勢を崩していない。

アメリカはイスラエルの最大の軍事支援国であり、現在、年間の軍事援助額は約三八億ドルにのぼる。民主党の大統領ジョン・F・ケネディ（一九六一―六三）の時代に、アメリカとイスラエルの二国間関係は「特別な関係」と呼ばれるようになり、アメリカ製兵器のイスラエル供与が始まった。議会調査局によれば、建国から今までにイスラエルがアメリカから受け取った軍事支援の総額は一五八〇億ドルにのぼるという。これに加え、ハマスによるテロを受けて、バイデン政権は、イスラエルへの追加軍事支援一四二億ドルを含む補正予算を議会に要求した。実現すれば通常予算での支援と合わせ、一八〇億ドルとなり、イスラエルの年間軍事費（約二三〇億ドル）の八割近い規模となる。さらにバイデン政権は一二月初旬、「緊急性が高い」との判断から、本来必要な議会手続きを省く異例の措置を講じて、総額一億六五〇万ドル（約一五四億円）の戦車搭載の弾薬をイスラエルに売却した。国防総省傘下の国防安全保障協力局が出した声明は、「アメリカはイスラエルの安全保障を約束しており、支援を通じてイスラエルが強力かつ即応性の高い自衛能力を取得・維持することは、アメリカの国益にとって極めて重要だ」と述べ、この措置を正当化した。

しかしアメリカのイスラエルへの手厚い軍事支援はいよいよ国際世論と逆行するものとなっている。イスラエル軍は一二月三日、ガザ全域に地上作戦を拡大し、ガザ南部への地上侵攻も始めた。その三日後の一二月六日、国連のアントニオ・グテーレス事務総長は、就任後初めて国連憲章九九条が定める事務総長の権限を使い、安全保障理事会に対して停戦を求めるよう要請した。その趣旨を事務総長はこう説明している。「ガザの人たちは奈落の底にある。国際社会はこの試練を終わらせるため、あらゆる手段を講じなければならない。世界、そして歴史が見守っている。今こそ行動のときだ」。この事務総長の要請を受け、安保理緊急会合でガザでの即時停戦を求める決議案の採決が行われ、日本やフランスなど一三カ国が賛成したが、アメリカが拒否権を行使し、決議案は葬り去られた。アメリカのロバート・ウッド国連次席大使は、イスラエルとパレスチナの恒久的な平和は支持するが、現時点での停戦はハマスを利するだけだとして、イスラエルのテロ掃討作戦を支持する姿勢を改めて打ち出した。その数日後、国連総会の緊急会合はガザでの即時停戦を求める決議案を一五三カ国の圧倒的賛成で採択した。反対したのはアメリカとイスラエルを含む一〇カ国のみで、国際社会での孤立を強く印象づけた。

2　イスラエルの9・11？

なぜアメリカはここまでイスラエルを支持するのか。その背景は複層的だ。まず、前述したような、歴史的に構築されてきた「特別な関係」がある。さらに、豊富な資金力を背景に、アメリカの外交政策を親イスラエルへと導こうとするイスラエル・ロビーと呼ばれる利益団体の存在がある。代表的なものとして、三〇〇万人の草の根運動員を抱え、全米のユダヤ系富裕層から資金を集めるアメリカ・イスラエル公共問題委員会（AIPAC）がある。AIPACをはじめ、イスラエル・ロビーは、とりわけ選挙の際に大きな影響力を発揮する。アメリカでは選挙を戦うために多額の費用が必要で、献金も「表現の自由」として広範に擁護されており、一定の条件を満たせば、選挙資金を無制限で集金できる資金管理団体「スーパーPAC」も設立できる。イスラエル・ロビーは「スーパーPAC」の設立等を通じ、イスラエルに友好的な態度をとる候補を支援し、非友好的と判断される候補については、多額の資金を投じて落選を図るのである。イスラエル・ロビーに支援を受ける議員は共和党と民主党、両党に存在し、議員経験が長いバイデン大統領は、これまでに受けてきた献金総額や議員時代の投票行動などから「最も親イスラエル的な政治家」の一人ともいわれる。ガザの人道危機がいかに悲惨なものとなろうと、議会で停戦論が盛り上がらない現状は、イスラエル・ロビーがアメリカ政治に持つ影響力を改めて見せつけている。一一月中旬の世論調査で、アメリカ国内でも停戦を支持する世論は過半数に達したが、議会では停戦を唱える議員は二〇数名にすぎなかった。それどころか、下院は一一月七日、即時停戦を先頭に立って訴えてきたパレスチナ系のラシダ・タリーブ議員（民主党）について、「イスラエル国家の破壊を求める不適切な言動」があったとして問責決議案を可決した。この決議案には、民主党議員も賛成票を投じた。

　さらにアメリカのイスラエル支持の背景として、二〇〇一年九月一一日に自国が経験したテロの記憶の作用も無視できない。イスラエルを襲ったテロはアメリカにおいては「イスラエルの9・11」と呼ばれ、イスラエルの報復措置への強い支持を生み出してきた。バイデン政権も、ハマスの奇襲攻撃によってイスラエルが受けた衝撃、その後の軍事行動に理解を示す文脈で、9・11に何度も言及してきた。ハマスによるテロから数日後の一〇月一二日、イスラエルを訪問したアントニー・ブリンケン国務長官は、イスラエルの被害に言及する際、アメリカとの人口比を考えると「9・11の一〇倍に値する」という表現を用いた。ブリンケンに続き、一〇月一八日にイスラエルを訪問したバイデン大統領も9・11に言及した。もっともそれは、ニュアンスある言及だった。バイデンは自衛のためのイスラエルの軍事行動に全面的な支持を示した上で、次のようにベンヤミン・ネタニヤフ首相に念を押した。

> アメリカが9・11の地獄を経験したとき、私たちも怒りを感じた……私たちは正義を求めてそれを手に入れたが、過ちも犯した。……怒りに目を奪われてはいけない。(3)

バイデンはここで述べた「過ち」とは何か、明言していない。しかし、アメリカが9・11の後に遂行した「テロとの戦い」が生んだ甚大な犠牲が含意されていたことは間違いない。

9・11で三〇〇〇人弱の尊い市民の命を失ったことを受け、当時のジョージ・W・ブッシュ政権は、「テロとの戦い」を宣言し、その一カ月後には、テロの実行犯である国際テロ組織アルカイダのメンバーの引き渡しに応じなかったとして、アフガニスタンのタリバン政権への軍事攻撃を開始した。当時はアメリカ国民も、国際社会も、ブッシュの「テロとの戦い」を強力に支持した。しかしそれから二〇年超経って、留保なく「テロとの戦い」に肯定的な評価を与える人はいない。その帰結が判明してきたからだ。

とりわけ凄まじいのは、「テロとの戦い」が他国の市民にもたらしてきた破滅的な影響だ。9・11以降、アメリカが世界各地で展開してきた「テロとの戦い」のコストを多角的に分析してきた米ブラウン大学ワトソン国際・公共問題研究所の「戦争のコスト」プロジェクトによれば、この二〇年超の間にアメリカは最大で八〇を超える国々で対テロ作戦を展開し、犠牲者は民間人四三万人超を含む九四万人、戦争による難民や避難民は三八〇〇万人にのぼる（二〇二三年三月時点）(4)。ハマスとイスラエルとの戦闘について、アメリカはイスラエルの軍事行動を「自衛権の行使」として全面的に擁護してきたが、そうした姿勢は「テロとの戦い」の帰結を誠実に見据えたものとはとてもいえない。AP通信によれば、ガザでは戦闘開始からわずか二カ月あまりで、二〇一二年から二〇一六年にかけてシリアのアレッポで行われた破壊、二〇二二年にウクライナに侵攻したロシア軍によるマリウポリの破壊、第二次世界大戦中の連合国によるドイツ空爆以上の烈度の破壊がもたらされたという(5)。イスラエルのガザにおける軍事作戦は、現代史でも最短のペースで最悪の破壊をもたらしつつある。

3　イラク戦争とのデジャヴ

アメリカが遂行してきた「テロとの戦い」は虚偽にまみれた戦争でもあった。その際たるものが、イラク戦争の開戦を正当化するために持ち出された大量破壊兵器疑惑だろう。二〇〇三年二月、国民の信頼も厚かったコリン・パウエル国務長官は国連安保理で、イラクが大量破壊兵器を製造・保有しているだけでなく、9・11を起こしたアルカイダと関係があると訴え、「サダム・フセインをさらに数カ月や数年、大量破壊兵器を保有したままにしておくという選択肢は、9・11以降の世界ではありえない」と訴えた(6)。翌月アメリカはイラク攻撃に踏み切り、フセイン政権を数カ月で崩壊させたが、大量破壊兵器は見つからなかった。

当時の世論調査によれば、開戦前の数カ月、過半数のアメリカ国民が「フセインは9・11のテロリストを手助けした」と信じ、イラクにおけるフセインの支配を終わらせるために軍事行動をとることに賛成と答えた人も過半数に及んだ(7)。非営利の調査報道団体 *Center for Public Integrity* の創設者のチャールズ・ルイスによれば、9・11後からイラク戦争の開戦まで、ブッシュや高官たちは、フセインがアメリカにもたらす脅威について、少なくとも九三五の嘘を公に口にした(8)。その後パウエルが、安保理での自らの発言を「人生の汚点」と後悔していたことはよく知られている。

ガザ危機の中で、アメリカは再び「パウエルの過ち」を犯しつつあるのではないかとの懸念が強まる。ハマスとの戦闘において、イスラエル軍は「ハマスが拠点としている」「ハマスが民間人を『人間の盾』にしている」として、病院や救急車、学校や難民キャンプをも無差別的に攻撃してきた。最も論争を呼んできたのが、ガザ最大の病院、シファ病院への攻撃だ。イスラエル軍は「地下にハマスの司令部が存在している」と断定し、病院の封鎖と攻撃を続け、多くの医療従事者や患者、新生児を死に追いやった。しかし現在に至るまでイスラエル軍が提示してきたのは、複数のカラシニコフ・ライフル、ガザ地区ではありふれているトンネルの入り口くらいで、シファ病院にハマスの司令部が存在することを示す確固たる証拠を提示できていない。戦時の文民保護について定めたジュネーブ条約（一九四九年）は、「病院がその人道的任務から逸脱して敵に有害な行為を行うために使用された場合」を除き、病院への軍事作戦を禁じている。同条約は、「傷者若しくは病者たる軍隊の構成員がそれらの文民病院で看護を受けている事実又はそれらの戦闘員から取り上げられたがまだ正当な機関に引き渡されていない小武器及び弾薬の存在は、敵に有害な行為と認めてはならない」とも定めている。イスラエルのシファ病院への軍事行動が、これらの要件を満たしていないことは明白だ。攻撃する前に民間人を避難させる努力もまったく不十分だった。イスラエルはジュネーブ条約には参加、その追加議定書（一九七七年）には不参加だが、これらは慣習法であり、遵守するという立場を打ち出してきた。今回の病院攻撃も、国際法違反ではないと主張している。

シファ病院への攻撃の正当性を訴えてきたのはイスラエルだけではない。バイデン政権は一貫して「シファ病院の地下にハマスの司令部が存在する」というイスラエルの主張を支持してきた。一一月一四日、国家安全保障会議（NSC）のジョン・カービー戦略広報調整官は、「アメリカは病院を空から攻撃することは支持しないし……病院で銃撃戦が起こることも望まない」と留保した上で、「ハマスがシファ病院を軍事作戦の拠点として利用している事実を裏付ける情報を確保している」と述べた[9]。しかしそれがどのような情報なのか。本当に、病院を攻撃するという例外的な事態を正当化しうるほどに確固たるものなのか。今に至るまでアメリカ政府も示せていない。

不確かな情報に基づいて病院への攻撃を続けてきたイスラエルへの国際的な批判は高まるばかりだ。そしてその批判は、イスラエル軍の主張にお墨付きを与えてきたアメリカにも向けられている。

4 揺らぐアメリカの道義的な地位

発足以来バイデン政権は、「人権」や「国際協調」を外交目標に掲げ、「アメリカ第一」を掲げて単独行動主義的な外交を展開したドナルド・トランプ前大統領との差異化を図り、トランプ時代に毀損されたアメリカの道義的地位の回復を図ってきた。パレスチナについても、イスラエルがヨルダン川西岸で加速させてきた入植地の拡大を批判し、入植地を国際法違反とはみなさないとの判断を打ち出した前トランプ政権との違いを示してきた。二〇二三年二月には、アメリカが拒否権を行使しなかったことで、国連安保理で、イスラエルの入植地拡大を批判する議長声明案が全会一致で可決された。安保理におけるイスラエル非難にアメリカが同調するのは民主党のバラク・オバマ政権時代の二〇一六年一二月以来で、約六年ぶりのことだった。

しかし、パレスチナの人々にとって、バイデン政権とトランプ政権の差などはわずかなものだった。ハマスによるテロが起きる直前の二〇二三年七月から九月にかけて行われたギャラップ社の世論調査によれば、パレスチナ人の八四％がイスラエルとパレスチナとの和平の調停役としてバイデンを信頼していないと回答し、そのうちの七〇％は「まったく」信頼していないと回答した[10]。アメリカを信頼していないのはパレスチナだけではない。中東と北アフリカの世論調査を行っている独立調査ネットワークによれば、ドーハに拠点を置く「アラブ研究政策センター」がアラブ一四カ国で安全保障上の脅威だと感じる国家はどこか尋ねたところ、最多の八四％がイスラエルと回答し、これに続く七八％がアメリカと回答した。ロシア（五七％）、中国（三七％）を凌駕する数字だ[11]。さらに「アラブ・バロメーター」の調査（二〇二二年）によれば、アラブ九カ国中モロッコ以外の八カ国で、アメリカよりも中国に好意的な意見が多かった[12]。昨今中国は、中東諸国における「公平な調停者」としての役割を積極的に打ち出してきた。二〇二三年三月にはイランとサウジアラビアの外交関係正常化を仲介した。同年六月にはパレスチナ暫定自治政府のマフムード・アッバス議長を自国に招聘し、ネタニヤフ首相の招聘の意向を示すなど、イスラエルとパレスチナの和平交渉の仲介役にも意欲を見せてきた。ハマスとイスラエルとの戦闘についても、中国は早々にイスラエルの軍事行動は「自衛権の範囲を超えている」と釘を刺すなど、イスラエルを全面支援するアメリカとは一線を画した調停者を演じてきた。

中東における世論調査の結果は、中東の人々がバイデン政権の中東政策の本質を見抜いていることをよく示している。バイデン政権の中東政策は、レトリックでは前トランプ政権との差異をうたいながら、実態においては、イスラエルとアラブ諸国との国交正常化、それを通じた地域の安定を優先し、パレスチナ問題を脇に追いやる前トランプ政権の路線を踏襲するものだった。ハマスによるテロ攻撃が起こったのは、バイデン政権がサウジアラビアとイスラエルの関係正常化に向けた仲介を試みている最中だった。

イスラエルの空爆によるガザ市民の犠牲が加速度的に増える中、イスラエルを口でたしなめるだけで、実質的にはその軍事行動に白紙委任状を与えてきたアメリカに対する批判は、中東を超えて世界に広がってきた。世界におけるパワー・バランスも変化する中で、グローバル・サウスと呼ばれる新興国のリーダーたちは、より率直にアメリカの二重基準を指摘し、糾弾するようになっている。一一月中旬にサンフランシスコで開催されたAPEC（アジア太平洋経済協力会議）首脳会議では、国内にムスリム人口を多数抱えるマレーシアのアンワル・イブラヒム首相がバイデンも同席している場で、次のようにアメリカや西側諸国の二重基準を批判した。「あなたたちは、ウクライナにおけるロシアの侵略行動を非難するよう我々に求めてきたのに、ガザで女性や赤ん坊を殺しているイスラエルの残虐行為には口をつぐんでいる。あなたがたの正義や同情の対象ではないのだろうか[13]」。

一二月二九日、南アフリカは、イスラエルがガザで「ジェノサイド（大量虐殺）」を繰り広げており、「集団殺害罪の防止及び処罰に関する条約（ジェノサイド条約）」に違反しているとして、国際司法裁判所（ICJ）に提訴した。国際社会には、アメリカを「ジェノサイドへの加担者」と見る向きも確実に広がっている。ガザ危機への対応を間違い続ければ、国際社会におけるアメリカの道義的な地位は揺らぎ、さらにはアメリカや西側諸国が語ってきた「法の支配」や「人道」への深刻な懐疑が広まるだろう。もちろん諸国家がさまざまに国益を追求している国際社会にあって、規範がまったく不偏不党に適用されることなどはありえない。しかし、あまりにあからさまな二重基準を放置すれば、規範そのものが揺らぎ、国際秩序の基盤が深刻に掘り崩されてしまう。

既にガザ危機は、バイデン外交が依拠してきた世界観を崩壊させつつある。バイデン政権は発足以降、主に中国とロシアを念頭に、世界を「民主主義対権威主義」の戦いの場として描き出し、民主主義的な価値を共有する同盟国の団結を図ろうとしてきた。ハマスのテロが起こった直後、バイデンがイスラエルと民主主義国としての連帯を確認したのは先に見た通りだ。しかし、イスラエルの国際法を無視した過剰な報復行動は、イスラエルが「民主主義対権威主義」というバイデンの世界観に適合しない国であることをますます明らかにしている[14]。確かにイスラエルは、エコノミスト誌による民主主義指数（二〇二二年）では一六七カ国・地域中二九位に位置し、アメリカ（三〇位）より上位を占めるが[15]、こうした民主主義的な成熟はパレスチナに対する政策には反映されていない。近年ではアメリカでも、イスラエルをパレスチナ人の権利や命を抑圧する「アパルトヘイト国家」とみる向きは、民主党支持者を中心に共有され、既に「健全な民主主義国家」と回答する割合より高くなっている[16]。

ガザ危機がもたらしうる長期的な帰結にバイデン政権が気づき始めている兆候もある。イスラエルとハマス間の人質交渉が決裂し、戦闘が再開された翌日の一二月二日、ロイド・オースティン国防長官は、イスラエル政府に対し、強い警告を発した。民間人を守るためにより多くの努力をしなければ、ガザで「戦術的な勝利」は得られることはあっても、それと引き換えにガザでの「戦略的敗北」を喫するだろうと述べたのである。

オースティンの警告には、アメリカ自身が「テロとの戦い」で犯してきた過ちから得られた教訓が刻まれていた。オースティンはアメリカもアフガニスタンやイラクにおける軍事行動で多くの民間人を犠牲にしたと言及し、「都市部での戦闘は、国際人道法に従おうとする民主主義国家に大きな負担を強いる」と認めつつ、「市街戦では民間人を守ることでしか勝てない」と念を押した。[17] イスラエルの「戦略的敗北」は、アメリカの敗北になりかねない。アメリカの国益のためにも、そして何より民主主義や人権の未来のためにも、劇的な政策転換が必要な局面である。

5　アメリカの対イスラエル政策の転換はあるか?

ガザ危機は、二〇二四年一一月に迫ったアメリカ大統領選にも影響を与えそうだ。ニューヨーク・タイムズ紙などが勝敗の鍵を握る激戦州で一〇月二二日から一一月三日にかけて世論調査を実施したところ、アリゾナ、ネバダ、ジョージア、ペンシルベニア、ミシガン、ウィスコンシンの六州うち、ウィスコンシン州以外の五州で、共和党の大統領候補となることが有力なトランプ前大統領の支持率がバイデンを上回った。いずれも二〇二〇年大統領選ではバイデンが制した州だ。[18]

中でもガザ危機の影響を最も大きく受けるとみられるのがミシガンだ。アラブ系アメリカ人は、全米の人口の一%程度にすぎないが、ミシガン州には二一万人ほどのアラブ系が居住している。二〇二〇年大統領選で、同州ではバイデンがトランプを破ったが、その差は一五万票にすぎなかった。アラブ系の動向は、同州における勝敗ひいては大統領選の行方も左右する。しかしガザ危機においてあまりにイスラエルに肩入れしてきたバイデンに対し、アラブ系は失望し、そのバイデン支持は急落しており、半年後に迫る大統領選でバイデンへの白紙投票を呼びかける動きも出てきている。最新の世論調査では、同州ではトランプが一〇ポイントほどバイデンに差をつけているという結果も出ている。[19]

バイデンのガザ対応に不満を募らせているのはアラブ系だけではない。ギャラップ社が一一月一日から二一日にかけて行った世論調査によれば、イスラエルの軍事行動を支持する人は五〇%、不支持は四五%で、全体では支持が上回ったが、民主党支持者になると六割超が不支持、非白人や一八歳から三四歳の若年層も六割超が不支持と回答した。[20] これらの層は二〇二〇年大統領選でのバイデン勝利を支えた層だが、彼らはいま「ジェノサイドの幇助者」バイデンへの怒りと不満を募らせている。

しかしバイデンには、こうした世論の変化に呼応しようとする姿勢があまり見られない。なぜだろうか。そこにはバイデン自身のイスラエルへの思い入れもあるとみられる。一〇月一八日にイスラエルに訪問し、テロの犠牲者遺族と面会したバイデンは、「シオニストであるためにユダヤ人でなければならないとは思わない。私はシオニストだ」と述べ、イスラエルを全面的に支援する意向を示した。バイデンには、過去にも同様の言葉でイスラエルへの親近感を公言してきた経緯がある。また一二月一一日、ホワイトハウスで開かれたユダヤ教の光の祭り「ハヌカ」を祝う行事に出席したバイデンは、ユダヤ人の安全のためにはイスラエルという国家が必要だと強調し、ハマス掃討までイスラエルの軍事行動を支持する姿勢を改めて強調した。バイデンは、こうした観念に囚われるあまり、現実にガザでイスラエルが「自衛」「安全」の名のもとにいかに非道な軍事行動を展開し、どれほどのパレスチナ人の犠牲を生みだしているかが見えなくなっている、あるいは見ようともしていないのかもしれない。過剰なイスラエル支援は、道義にも、アメリカの長期的な国益にも反しているとアメリカが理解し、政策を転換することはあるのか。それはいつなのか。現状では見通せない。その間、パレスチナ人の犠牲者は増え続けている。

アメリカとの「価値の共有」をうたってきた日本だが、ガザ危機については、アメリカとは共有できない価値について率直に伝え、その政策転換を促していくことが重要になってくる。一二月、日本は国連安保理でも総会でも、即時停戦に賛成票を投じた。危機の収束に向け、日本ができることはあるはずだ。

(1) "Remarks by President Biden on The Terrorist Attacks in Israel," *Whitehouse* (October 10, 2023). https://www.whitehouse.gov/briefing-room/speeches-remarks/2023/10/10/remarks-by-president-biden-on-the-terrorist-attacks-in-israel-2/

(2) "U.S. Officials Privately Warn Israel To Show Restraint in Retaliating against Hamas," *NBC News* (October 14, 2023). https://www.nbcnews.com/politics/white-house/us-officials-privately-warn-israel-restraint-hamas-retaliation-biden-rcna120286

(3) "Remarks by President Biden on The United States' Response To Hamas's Terrorist Attacks against Israel And Russia's Ongoing Brutal War Against Ukraine," *White House* (October 20, 2023). https://www.whitehouse.gov/briefing-room/speeches-remarks/2023/10/20/remarks-by-president-biden-on-the-unites-states-response-to-hamass-terrorist-attacks-against-israel-and-russias-ongoing-brutal-war-against-ukraine/

(4) "Costs of War," *Watson Institute for International and Public Affairs, Brown University*. https://watson.brown.edu/costsofwar/

(5) "Israel's Military Campaign in Gaza Seen As Among The Most Destructive in Recent History, Experts Say," *AP* (December 22, 2023). https://apnews.com/article/israel-gaza-bombs-destruction-death-toll-scope-419488c511f83c85baea22458472a796

(6) "Powell Presents US Case To Security Council of Iraq's Failure To Disarm," *UN News* (February 5, 2003). https://news.un.org/en/story/2003/02/58372-powell-presents-us-case-security-council-iraqs-failure-disarm

(7) "A Look Back at How Fear And False Beliefs Bolstered U.S. Public Support for War in Iraq," *Pew Research Center* (March 14, 2023). https://www.pewresearch.org/politics/2023/03/14/a-look-back-at-how-fear-and-false-beliefs-bolstered-u-s-public-support-for-war-in-iraq/

(8) Charles Lewis, *935 Lies: The Future of Truth and the Decline of America's Moral Integrity* (Public Affairs, 2014).

(9) "Kirby: U.S. Intelligence Shows Hamas Using Hospitals for Military Activities," *Axios* (November 14, 2023). https://www.axios.com/2023/11/14/us-intelligence-hamas-hospitals-military-israel-john-kirby

(10) "Palestinians Lack Faith in Biden, Two-State Solution," *Gallup* (October 18, 2023). https://news.gallup.com/poll/512828/palestinians-lack-faith-biden-two-state-solution.aspx

(11) "Arab Opinion Index 2022: Executive Summary" *Arab Center* (January 19, 2023). https://arabcenterdc.org/resource/arab-opinion-index-2022-executive-summary/

（12）“Public Views of The U. S.-China Competition in MENA,” *Arab Barometer*（July 2022）. https://www.arabbarometer.org/wp-content/uploads/ABVII_US-China_Report-EN.pdf

（13）“Praises Pour in Following Anwar's Firm Stance on Gaza at Apec Summit,” *Scoop*（November 19, 2023）. https://www.scoop.my/news/136733/praises-pour-in-following-anwars-firm-stance-on-gaza-at-apec-summit/

（14）鶴見太郎は、国際関係論においては、デモクラティック・ピース論など、「民主主義国が増えるほど、国際秩序もリベラルになる」ことが前提とされる傾向にあるが、国内体制はリベラルでありながら、対外行動においてリベラルな価値を毀損してきたイスラエルはその重大な例外であることを挙げて、イスラエルのような存在をうまく位置付けられない国際関係論の問題性を指摘している。鶴見太郎「イスラエルが繁栄する陰で―リベラルな国際秩序の非リベラルな参加要件」『世界』二〇二三年一二月号。

（15）“Global Outlook: Democracy Index 2022,” *Economist Intelligence*（Mar 2, 2023）. https://www.eiu.com/n/global-outlook-democracy-index-2022/

（16）“Is Israel A Democracy? Here's What Americans Think,” *Brookings Institute*（April 25, 2023）. https://www.brookings.edu/articles/is-israel-a-democracy-heres-what-americans-think/

（17）“‘A Time for American Leadership’: Remarks by Secretary of Defense Lloyd J. Austin III at The Reagan National Defense Forum,” *U.S. Department of Defense*（December 2, 2023）. https://www.defense.gov/News/Speeches/Speech/Article/3604755/a-time-for-american-leadership-remarks-by-secretary-of-defense-lloyd-j-austin-i/

（18）“Biden Trails Trump in 2024 US Election's Key States, Polls Show,” *Reuters*（November 7, 2023）. https://www.reuters.com/world/us/biden-trails-trump-states-likely-decide-2024-us-election-polls-show-2023-11-05/

（19）“CNN Polls: Trump Leads Biden in Michigan And Georgia As Broad Majorities Hold Negative Views of The Current President,” *CNN*（December 11, 2023）. https://edition.cnn.com/2023/12/11/politics/cnn-polls-trump-biden-michigan-georgia/index.html

（20）“Americans Back Israel's Military Action in Gaza by 50%to 45%,” *Gallup*（November 30, 2023）. https://news.gallup.com/poll/545045/americans-back-israel-military-action-gaza.aspx

8　イスラエル・ガザ紛争と国際人道法
――Lawfareの彼方に希望はあるか？

新井　京

（あらい　きょう）
同志社大学法学部教授
専門は国際人道法、占領法
著書に『沖縄の引き延ばされた占領：「あめりか世（ゆー）」の法的基盤』（有斐閣）、「COVID-19に関する占領国の責任」『国際法外交雑誌』一二〇巻一＝二号、“Between Consented and Un-Contested Occupation,” *Israel Law Review*, Vol. 51(3)などがある。

はじめに

二〇二三年一〇月七日のハマスによる無差別攻撃とその後のイスラエルによる反撃は、「またしても」国際人道法の存在意義を厳しく問い直している。人道法の著しい「違反」が繰り返し報じられる一方で、両当事者は、国際人道法に依拠した非難・反論の応酬を繰り広げ、議論の場は世界中に拡散している。このように国際法をある種の武器として利用して戦争を有利に進めようとする現象は、最近ではLawfareと呼ばれている。Lawfareは国際人道法の適用を促進するのだろうか。歪めるのだろうか。本章は、この問題について、イスラエルが国際人道法をめぐるディスコースの中で用いている三つの言説を通じて検討する。

1　紛争の性格付け（Classification）によるフレーミング
――「ハマスとの戦争」か「パレスチナとの戦争」か？

イスラエルは一〇・七の前から一貫して、自国がハマス他のテロ組織（以下、単に「ハマス」と略す）との武力紛争に従事していると主張している。しかし、ガザは一九六七年以来イスラエルが占領するパレスチナ領域に含まれ、ハマスはパレスチナ人の政治・軍事組織である[1]。よって、今回のハマスによる攻撃とイスラエルによる反撃を、そのようなイスラエル・パレスチナ紛争の大きな枠組みと切り離すことは難しいと思われるが、そのように指摘した国連事務総長を批判するイスラエルが事務総長の辞任を要求する事態にまでつながっている（CNN, 25 October 2023）。

（1）紛争の性格付けとは？

紛争当事者にとって、相手方当事者の同定と紛争の性格付け（classification）は、法的にも、政治的にも重要である。以下に検討するように、紛争の文脈が決定され、それにより敵の法的地位が変化するからである。

①国際的武力紛争と非国際的武力紛争の区別

国際人道法は国際的武力紛争（ＩＡＣ）と非国際的武力紛争（ＮＩＡＣ）を区別してきた。軍隊・武装組織による暴力手段の行使という共通点はあるが、ＩＡＣが対等な国家間で戦われるのに対して、ＮＩＡＣは法的に対等ではない国家と非国家主体（反徒）の衝突であり、当事者の関係性が本質的に異なるからである。さらに、通常の警察権で対応する暴動や国内的騒擾と区別するため、ＮＩＡＣには組織的武装集団との一定の烈度を伴う紛争であるという敷居も必要とされた。この点でも、ＮＩＡＣは、基本的に国家間で軍事力が使用されれば常に存在しうるＩＡＣと区別された。今日では、ＮＩＡＣは「国内的」武力紛争のみならず、ある国家が外国領域において非国家主体と戦う武力紛争（越境的ＮＩＡＣ）も含むとされる。このようにＮＩＡＣは、国内紛争のみならず、ＩＡＣの補集合として国家対国家の武力紛争ではないすべての武力紛争を包含する概念と再定義されている。なお今日では、「人民の自決の権利の行使として人民が植民地支配及び外国による占領並びに人種差別体制に対して戦う武力紛争」は、ＩＡＣと見なされている（一九七七年の第一追加議定書（ＡＰＩ）一条四項）。

ＩＡＣにおいて、一方当事国が他方当事国の領域に実効的支配を確立し領域国政府の機能を排除すれば、国際法上の占領が成立する。占領地域では、占領国が占領地住民に対する一定の責任を負う。占領は敵国軍隊との武力衝突がなくても成り立ち（一九四九年のジュネーヴ諸条約（ＧＣ）共通二条二項）、占領が継続する限りＩＡＣは存在し続ける。領域主権を有する対等な国家同士の紛争ではないため、ＮＩＡＣにおいては占領の制度は存在しない。

②武力紛争の性格付けが適用法規に及ぼす効果

ＩＡＣとＮＩＡＣの区別はどのような法的効果を伴うか。国際人道法は、主としてＩＡＣに適用される法として発展してきた。ＮＩＡＣに適用される人道法の規則は、一九四九年のＧＣ共通三条以降発達した。赤十字国際委員会（ＩＣＲＣ）は、今日ではＮＩＡＣに適用される国際慣習法が拡張され、両紛争に適用される人道法の規則が共通化しつつあると主張している（Henckaerts and Doswald-Beck（2005））。

しかし、現在でもＩＡＣとＮＩＡＣに適用される人道法には質的・量的に大きな違いがある。質的には、紛争当事者間の関係がＩＡＣと根本的に異なることを反映して、ＮＩＡＣには戦闘員と捕虜の資格、占領、海上経済戦措置、復仇などに関する規則は存在しえないとされる。また、ＩＡＣとＮＩＡＣとでは、適用される条約規定に量的な差がある。一九七七年の第二追加議定書に加入していないイスラエルにとっては、ＮＩＡＣに適用される条約規則はＧＣ共通三条の最低限の規定のみである。ＮＩＡＣに適用される慣習法の規則があるとしても、ＩＣＲＣが提示するほど幅広い慣習法が認められるか疑問もあり、何よりも紛争当事者が不文の規則である慣習法の曖昧さに「つけ込む」ことも可能である。特に、戦闘の方法手段に関する規則——軍事目標の定義、文民の損害に対する均衡性原則、文民の被害を最小限のものとする予防原則など——は、ＡＰＩに規定されており、イスラエルのようにＡＰＩに加入していない国は、紛争がＩＡＣであってもそれら規則の慣習法性を争うことができ、さらにそうした規則のＮＩＡＣへの「移植」可能性についても争うことができる[2]。

③武力紛争の性格付けが紛争当事者の法的地位に及ぼす効果

　また、武力紛争をＮＩＡＣと「定義」することで、ＩＡＣであれば対等なはずの敵対当事者を、反徒やテロ組織など対等ではない「犯罪者」として扱うことも可能になる。自決権を行使する「パレスチナ人民」とのＩＡＣではなく、殲滅可能なテロリスト「ハマス」とのＮＩＡＣを戦っているというイスラエルの自己規定は、当事者の法的位置づけ、さらに戦争の目的・限界をも左右する。

　もちろん、武力紛争の性質は、国家間の武力衝突の存在や、武装集団の組織性と戦闘の烈度などの「敷居」を超えるかどうかに基づき客観的に決定されるものであり、紛争当事者による性格付けや敵の同定によって一方的に決定されるものではない。適用法規との関連で、相手方の国家性その他の国際的地位を剝奪して一方的に「非国家」として扱うことや、ある当局の「代表性」を否定することに、決定的効果はない。しかし、ＩＡＣとＮＩＡＣにおける当事者間の関係性や適用法規の根本的差異は、紛争当事者が、ある種のフレーミングを目的として、一方的な紛争の性質付けを行う誘因となり、客観的な決定機関のない国際社会においては、それが一定の支配力を持ちうるのである。

(2) ガザ戦争の性格付け

　それでは、イスラエルが主張するようにガザ戦争をイスラエル・ハマス間の武力紛争（イスラエルは明確にしていないが、ＮＩＡＣと理解していることが推認される）と規定することは妥当だろうか（詳細な分析として、新井（二〇二四））。

①イスラエル・パレスチナ間の紛争

　ヨルダン川西岸地区とガザ（両方を併せてパレスチナ領域）は、一九六七年の第三次中東戦争において、イスラエルにより占領された。両地域をそれまで統治していたヨルダンとエジプトの領有権を否定するイスラエルは、当初は、敵国の「領域」の占領を前提としたジュネーヴ第四条約（ＧＣⅣ）の詳細な規則の適用を認めない態度を示した。一九〇七年ハーグ陸戦規則の占領に関する一般的規則のみが適用されるとの立場である。

しかし、国際的に、またはイスラエル国内裁判所の判例などによって、両地域は国際法上の占領地域としてGCⅣの適用対象と定義されてきた。

このように、当初はイスラエル・ヨルダン／エジプト間のIACの一部として開始された占領も、PLOの創設・承認、パレスチナ独立宣言以降、イスラエル・パレスチナ間のIACと見なされるようになった。パレスチナの国家性を承認していない国にとっては、国家無き「パレスチナ人民」が当事者として措定されるが、そのような国家と人民との「対峙」を国際法上の「占領」と見なす実行は、ナミビア、西サハラ、東ティモールなどにおいても存在する。さらに、オスロ合意によりイスラエルがPLOをパレスチナ人民の代表と認めたことにより、イスラエル自身も自国が両地域で従事している紛争がパレスチナ人民とのIACに該当することを否定できなくなっている。さらに国連総会、安全保障理事会、国際司法裁判所（ICJ）、国際刑事裁判所（ICC）検察官なども一貫して、イスラエルとパレスチナの間の武力紛争をIACと位置づけ、IACに適用される人道法・占領法の規則の適用を求めている。

②ガザの地位

より複雑なのは、二〇〇五年にイスラエルが地上部隊を撤退させ、二〇〇七年には統治が西岸から切り離された後のガザおよび同地の統治者ハマスの法的地位である。

イスラエルの見解では、地上部隊の撤退によってガザは国際法上の占領地ではなくなった。占領は、地上軍の存在を前提としており、その開始は①外国軍（地上軍）の物理的存在と②実効的権限行使、③領域国政府の排除という三つの累積的要件によるとされる。この条件は鏡像のように占領終了にもあてはまり、地上軍の物理的不在は当然に占領を終了させるとの理解（対称説）である（Shany（2005））。しかし、地上部隊撤退後もイスラエルが実施したガザへの陸海空からの封鎖やハマスの討伐のための度重なる軍事作戦（地上侵攻も含む）は、イスラエルによるガザの占領が継続しているという批判を招いた（Dinstein（2019））。占領開始には地上軍の支配が前提になるとしても、占領終了は地上部隊の撤退のみによって決定されるのではなく（非対称説）、占領国の義務の範囲は、撤退後も残存する実力の程度に従って機能主義的に決定されるべきだという見解も有力である（Lieblich and Benvenisti（2022））。

イスラエルによる地上部隊の撤退は、現地住民（またはハマス）との摩擦の多い実効支配を避けつつ、完全封鎖することで敵を封じ込める目的があった。また、いわゆる「芝刈り戦略（"mowing the grass" strategy）」として、ガザを放置しながら時機に応じて限定的打撃が行われた。こうしてイスラエルは、占領を維持するのと同様の軍事的利益を確保しながら、地上部隊の引き上げにより占領軍が負うべき治安維持、人権保障、福祉などの責任のみを一方的に放棄したと見ることもできる。こうした一方的な責任放棄を批判的に捉え、むしろイスラエルがガザを再占領して占領国としての人道的責任を果たすべきだという見解すらあった（Benvenisti（2012））。

仮に二〇〇五年にガザの占領が終了していたとしても、その後のイスラエルによる攻囲と封鎖という戦闘行為の実施はＩＡＣの継続にあたる。よって、二〇二三年の一〇月七日の段階でガザにおいてイスラエルがＩＡＣに従事していたことには変わりがない。

③ハマスとの「別の武力紛争」？

二〇〇五年の地上部隊撤退と二〇〇七年のガザ・西岸地区間の関係断絶によって、イスラエルはハマスとパレスチナ人民（当局）を分離させ、占領が継続している西岸地区とハマスという「テロ組織」が支配するガザとを別の単位として扱う傾向を強めることになった。このようにガザと西岸地区を分割して扱うことは、両地区を「単一の領域単位」と認めたオスロ合意に反する。さらに、ＩＣＪが「自決権のコロラリー」とした「非自治地域の領域一体性保持」（ICJ（2019））も損なう。イスラエル最高裁も、「両区域はイスラエルの単一の占領支配に服しており、あらゆる関係者から一つの領域単位だと受け止められている」と述べた（Israel High Court of Justice（2002））。

イスラエル政府は、実際には、二〇〇〇年の第二次インティファーダ開始以降、ガザ・西岸地区の双方において、あらゆる武力衝突を「戦争に至らない武力紛争」であると定義していた。例えば、二〇一八年のガザ地区での大規模なデモ（「帰還への大行進」）も、ハマスとの関係を精査することなく全体としてこうした武力紛争の一部と見なされ、イスラエルによる強硬な軍事的措置の対象とされた。今般のガザ戦争でも西岸地区での軍事作戦が同時に展開されている。

このような二〇年に及ぶイスラエルの姿勢は、西岸地区の占領とガザでのハマスとの武力紛争とを切り離しているというより、むしろ、ハマスによる攻撃を含むパレスチナ人民によるあらゆる暴力的抵抗をイスラエル・パレスチナ間のＩＡＣ＝パレスチナ領域の占領から切り離そうとするものである。占領地における暴力的抵抗は、通常は占領地住民の抵抗運動として扱われるが、それを超えて占領および占領地住民とは区別された別の武力紛争として措定できるのだろうか。

④ハマスの軍事行動は「抵抗運動」か？

占領地において住民が暴力的手段によって抵抗することは、おおよそいかなる占領にも見られる普遍的現象である。そのため抵抗運動をどのように位置づけるかは、一九世紀以降の国際人道法法典化の主要な対立点として議論が繰り返されてきた。今日に至るまで、国際人道法は、市民の自発的抵抗を許容も禁止もしていないが、その規定振りは抵抗運動を「想定」している。例えばＧＣⅣは、占領地住民が「占領国の安全に対する有害な活動」を行うのを想定して、それら住民の抑留を認めている。ただし、この種の抵抗運動は、領域国（亡命政権など）との関係ゆえに占領国・領域国間のＩＡＣの一部であることを当然視された。

ハマスとパレスチナ人民との関係は、そのような抵抗運動と領域国の関係に準えられるだろうか。後者の関係は、例えばフランス亡命政権とナチ占領下のレジスタンス運動のように、非公式な黙示的協力であっても共通の敵と戦っていれば成立するとも説明される（Pictet（1960））。武力紛争の性格付けの目的に限って考えると、このような緩やかな基準の下では、かつてパレスチナの議会選挙で第一党となり、二〇〇七年以降もパレスチナの不可分の一部であるガザを実効的に統治してきたハマスを、パレスチナそのものと切り離すのは難しいようにも思われる。抵抗運動が「領域国に属する」ための紐帯の証明においては、ハマスがパレスチナ人民を代表しているかどうかは必要条件ではない。また、ハマスの構成員が国際人道法を遵守していないことも、彼らの「捕虜資格」の有無にとっては重要であるが、彼らの行動がイスラエル・パレスチナ間のＩＡＣの一部と評価されるかどうかとは無関係である。

⑤「抵抗運動」でなければどうなるか？

仮にそのような緩やかな紐帯すら存在しない場合、占領地における武装闘争を占領（領域国とのＩＡＣ）そのものと切り離して別の武力紛争と見なすことは可能だろうか。西岸地区とガザにおいてイスラエルが従事しているＩＡＣと並行して、同時にイスラエル・ハマス間のＮＩＡＣが存在すると考えられるのだろうか。

このような二種類の武力紛争の併存という捉え方は理論的には可能とされるものの、少なくとも占領地に適用するには問題が多いように思われる。例えばＩＣＪの判例では、領域国Ｘと武装組織Ｙの間のＮＩＡＣにＹの側に立って外国Ｚが介入する場合、ＸとＺの間のＩＡＣが生じ、それが既存のＸＹ間のＮＩＡＣと併存することが認められた（ICJ（1986））。逆に、他国（Ｘ）領域に所在する非国家主体ＹとＹを越境的に攻撃する外国Ｚの間の武力紛争を、ＸＺの関係から切り離して捉えるのが、越境的ＮＩＡＣ（ＹＺ間に成立する）の理論である（新井（二〇〇九））。このような理論に対して、同じ場所と時間に性格の異なる武力紛争が併存し、内容の異なる二つの人道法が同時に適用されることの非現実性も指摘される。そのような現実的困難は、この理論を占領地の抵抗運動に当てはめた場合、収拾不可能なほどに増幅される。占領地では、日常的な治安維持が占領法に則ってＩＡＣの文脈で行われている。そのような状況で、占領軍が特定の抵抗組織に対処する場合にのみ別のＮＩＡＣを戦っていることになるからである。

よって、すでに存在する占領＝ＩＡＣとそこでの抵抗運動とを観念的に切り離す試みは、その不自然さが際立つ。そのようなフレーミングによっても何ら有意義な構図が提供されるわけではなく、むしろ適用法規の複雑化と住民の保護のダウングレードが生じ、有害ですらある。例えば、イスラエル地上部隊が、今般のガザ戦争の文脈で同地を再び実効支配しても、それ自体がハマスとのＮＩＡＣの過程で行われたと捉えられるならば、本来であれば認められるはずの住民に対する占領法上のセーフガードが失われる危険性がある。

（3）イスラエルによるフレーミングの意味

このように、占領地での武装組織との武力紛争の性格付けを「操作」することによって、適用法規、占領国の責任と義務の範囲、住民が期待しうる保護などが大きく切り崩される。イスラエル・パレスチナ／ガザの関係においてこのような操作が可能となったのは、一九六七年以来のイスラエルによる占領状態を否定する曖昧化、西岸地区の「事実上の併合」やガザからの地上軍の「見せかけの」撤退、さらにあらゆる抵抗者を「テロリスト」と位置づけてパレスチナ人民と観念的に分離させる戦略といった、イスラエルによる一貫した法政策の結果でもある。その意味で、ハマスの一〇・七の非人道的行為の責任を「真空の中で」捉えることとは、イスラエルによる恣意的なフレーミングを受け容れ、本来の当事者を遠景化してしまうことを意味する（根岸（二〇二四））。

このフレーミングの「恣意性」は、ガザ戦争に関して見られるイスラエルの自家撞着からも明らかである。つまり、イスラエルは、ハマスと戦うとしながら、またハマスがパレスチナ人民を代表しないとしながら、ハマスの違法行為や戦術的選択の影響を当然のようにガザ住民・パレスチナ人民に負わせており、彼らをハマスとの戦争から隔離する法的なもしくはレトリカルな努力が全く行われていないからである。

2　「戦争の霧」の中で
——付随的損害は「すべてハマスのせい」なのか？

イスラエルによる反撃は大規模な死と破壊を引き起こしている。二〇二三年一二月二〇日までの二ヶ月あまりの間にガザ地区での死者は二万人に達し、死者数増加のペースは前例がないほど早い（BBC, 20 December 2023）。急増する死者数に関して、イスラエルは、ハマスの要員と施設を攻撃目標としているものの、ハマスが人間の盾を利用しているため文民の付随的損害が増えており、これはハマスの責任だと主張している（Ministry of Foreign Affairs, Israel（2023））。

（1）国際人道法は付随的損害をどこまで許容するか？

①均衡性原則の意義と問題点

国際人道法は、文民や民用物への直接攻撃を禁止しているが、軍事目標に対する攻撃の「効果」が文民・民用物に対して付随的損害として及ぶことまで禁止しているわけではない。ＡＰＩ五一条五項（ｂ）は「予期される具体的かつ直接的な軍事的利益との比較において」、巻き添えによる文民の死傷／民用物の損害を「過度」に引き起こすと「予測される」攻撃を禁止する。その反対解釈として、軍事的利益に比して過度でない文民の付随的損害は許容される。

この均衡性原則には批判がありうる。第一に文民の巻き添えを黙認すること自体への批判である。しかし、軍事目標に対する攻撃が文民に一切影響を及ぼさない状況はほとんど考えられない。そのため、付随的損害が禁止されると、あらゆる攻撃が禁止されてしまう可能性がある（黒﨑他（二〇二一））。また紛争当事者に後述の人間の盾を利用するインセンティブを与えることも懸念される。

第二に、均衡性判断とは「予期される」軍事的利益と「予測される」文民等の巻き添えとの比較であり、すべてが指揮官による主観的判断に委ねられるとも批判される。ここで指揮官が考慮する軍事的利益が何を含みうるのか、例えば攻撃側の安全やコストは考慮されるのかも不明である。しかし「法は不能を強いず」、原則として事前に予見不可能な「結果」のみを理由に当事者に責任を課すことはない。そのため、このような事前の指揮官の主観的判断が妥当かどうかに依拠して合法性を判断せざるを得ないのである（黒﨑（二〇二三））。

②予防措置義務による補完

しかしながら、人命と軍事的利益という比較不可能なものを比較考量することには限界があり、均衡性原則をめぐっては当事者間の主観的判断の衝突も生じる。そのような均衡性原則の弱点を補完するため、人道法は予防措置をとる義務を当事者に課している。紛争当事者は「軍事行動を行うに際しては、文民たる住民、個々の文民及び民用物を守るよう不断の注意を払う」（API五七条一項）ことが義務づけられ、次のような具体的措置をとることが求められる（同二項）。

【攻撃の計画決定段階】

①攻撃目標が文民・民用物でないことを確認し、文民等に過度な巻き添えの損害を引き起こすと予測される攻撃を差し控えること

②巻き添えによる文民等の損害を防止し、少なくとも最小限にとどめるように攻撃の方法手段を選択すること

【攻撃実施段階】

③過度な巻き添えが生じることが明白となった場合に当該攻撃を中止・停止すること

④可能な限り効果的な事前警告を与えること

以上の予防措置は、「実行可能」な範囲でのみ求められる。その反面、実行可能な「すべて」の措置をとる必要があり、義務づけられた手続きをとらなければ——例えば攻撃目標の確認や「より被害の少ない」他の選択肢の検討を怠れば——、当然に付随的損害は「過度」と判断される。これらはAPIに規定されるが、API非締約国イスラエルも、ここに定められる予防原則が慣習法規則として自国を拘束することを認めている（Schmitt and Merriam（2015））。

③イスラエルによる市街戦と予防措置

ネタニヤフ首相は、今般のイスラエルの軍事行動の目的が「ハマスの軍事的能力と統治能力を破壊することと、連れ去られた人質の解放にある」と述べた（The Times of Israel, 28 October 2023）。一〇・七の攻撃を受けて、それまでの「芝刈り戦略」による封じ込めではなく、ハマスの完全な破壊へと目的は変化したのである（Reuters, 12 October 2023）。この「目的」の広範性がハマスの市街戦の戦術と結びつくことで、ハマス軍事要員や軍事アセットを取り巻く文民の住居や都市インフラの破壊と文民の死傷が引き起こされた（Cohen and Shany (2023)）。そもそも都市は戦闘の影響に対して脆弱であり、市街地での爆発物の使用はその致死的効果を増幅させる。都市は多数階層により構成され、地下・室内空間も存在する。そのため遮蔽性が高く、攻撃側による予防措置の実行可能性が低減する。イスラエル軍報道官がハマス兵士と市民の死者比率が一：二であることについて「市街戦であることを考えると極めて良い数字だ」と述べた（CNN, 6 December 2023）のは、こうした背景による。

しかし、そのような市街戦においても、イスラエルには文民等を守るよう「不断の注意を払う」ため、実行可能なすべての予防措置をとる義務が課される。ハマスが文民への悪影響を承知で市街戦を選び、人間の盾を利用していることを根拠に、予防措置の手続的義務を「一律に」免れることは許されず、実行可能な措置がとられていることを証明する「透明性」も確保されるべきであろう（Sassòli (2023)）。

(2) 人間の盾のジレンマ

攻撃側により予防措置がとられても、防御側が人間の盾を利用する場合には文民の付随的損害が増える。一般的に、人間の盾とは、直接攻撃から保護される人を自らに引き寄せ、また自らそのような人に接近することにより、敵の攻撃を回避しようとする戦術である。この戦術により巻き添えが増えることを理由に攻撃中止が義務づけられるならば、防御側による人間の盾の利用が助長される。他方で、人間の盾の実行により攻撃側の予防措置の義務が軽減・免除されるならば、イスラエル側の言説が示すような形で、「すべてが敵の責任」だとして攻撃側が一切の説明責任を放棄する危険もある。このように人間の盾への対応は法的に深刻なジレンマをもたらし、攻撃側と防御側が責任を適切に分担することによって解決するよりほかない。

①ハマスの人間の盾戦術

ＮＡＴＯ戦略コミュニケーション研究センターの報告書は（NATO, Strategic Communications Centre of Excellence (2019)）、ハマスが次のような人間の盾戦術をとってきたと指摘している。①人口周密地（近傍を含む。以下同じ）からのロケット等の発射、②文民居住区に軍事施設を置くこと、③「テロリスト」の住居や軍事拠点を保護し、「テロリスト」を救援すること、④住宅商業エリアでのイスラエル軍との戦闘行為（文民を情報収集活動に利用することを含む）である。

ガザ戦争においてイスラエル軍は、ハマスが「（シファ病院の）何千名もの患者、医師、スタッフを、地下のハマス司令部を守るために利用している」、「居住地域に、ロケット発射施設、攻撃用トンネルの出入り口、作戦指揮所、武器製造貯蔵施設を集めている」などとして人間の盾批判を繰り返した。また、ハマスがイスラエル軍の警告による住民避難を妨げているとして（Reuters, 13 October 2023; The Times of Israel, 14 October 2023）、それもまた人間の盾として批判する。いずれの措置も、ガザ住民の危険度を高めるが、その態様は多様であり一律な法的評価は難しい。

②人間の盾の法的禁止

国際人道法は、条約上の被保護者（捕虜、占領地住民など）を人間の盾として利用することを禁止してきた。さらにＡＰＩ五一条七項は次のように規定した。

「（文民の所在を）特定の地点又は区域が軍事行動の対象とならないようにするために、特に、軍事目標を攻撃から掩護し又は軍事行動を掩護し、有利にし、もしくは妨げることを企図して利用してはならない……」

ＡＰＩ未加入のイスラエルも、ハマスに対する一貫した非難が示唆するように、この人間の盾禁止規定が慣習法化していることを認めている（Schmitt and Merriam（2015））。

しかし、この規定には微妙なニュアンスがある。第一に、ここで違法とされるのは「文民」の所在の利用であって、「民用物」を盾として利用することは禁止されていない。民用物を軍事目標から遠ざける義務は、ＡＰＩ五八条に規定されるが、防御側に「実行可能な最大限度まで」民用物等を軍事目標から遠ざける努力を求めているに過ぎない。

第二に、「軍事行動の対象とならないようにする」意図が必要とされる。よって、そのような意図を欠き、市街戦などで文民の近傍で作戦を行うことが不可避である場合には、人道法が禁じる人間の盾とは言えない場合もある。このような意図の証明は困難であるが、文民居住地での戦闘または軍事アセット設置の必要性がない場合、または他の選択肢が存在する場合には、文民等の所在を悪用する意図の有力な証拠となる（Schmitt（2023））。いずれにしても、防御側の行為が禁止される人間の盾にあたるかどうかは、個々の状況に依存する。

③人間の盾に対処する側の義務

ガザ戦争の文脈では、防御側が人道法違反の人間の盾戦術をとっていることが、攻撃側の人道法上の義務を緩和・免除するわけではないという点が重要である。ＡＰＩ五一条七項に続く八項は、「この条に規定する禁止の違反があったときにおいても、紛争当事者は、文民たる住民及び個々の文民に関する法的義務（第五十七条の予防措置をとる義務を含む。）を免除されない」と明記する。イスラエルは、本項についても同条七項と同様に慣習法性を認めているとされる（Schmitt and Merriam（2015））。

この原則に沿って解釈すれば、攻撃目標附近に文民が所在する場合には、それが人間の盾によるものであれ、偶発的事情によるものであれ、同様に均衡性の評価に服することとなる。よって、人間の盾として攻撃目標近傍の文民が増えれば、それら文民の巻き添えを上回る軍事的利益が存在しないかぎり攻撃は違法となり、人間の盾戦術をとる側の企図が実現されてしまう。そのため、均衡性の評価において、防御側が違法に人間の盾戦術をとっている事実が「考慮される」べきだとも主張される（Dinstein（2022））。しかし、文民の所在を悪用する当事者がそれにより一方的に当該文民の保護を剥奪できるとは考えがたく、人間の盾の違法性をどのように考慮に入れ、どのような根拠で攻撃側の義務（とその結果としての文民保護）を割り引くことができるのか、整合的な解はありそうにない（Schmitt（2023））。

ただし、敵の攻撃を避けるため自発的に人間の盾となる文民については、「敵対行為への直接参加」に該当し、盾として機能している期間は、攻撃からの保護を失うとも主張される（Dinstein（2022）；Schmitt（2023））。しかし、戦争当初にガザ住民が南部への退避勧告に従わずガザ市周辺に残留した事例からも分かるように、自発的な人間の盾であるのか強制されて留まっているのかの判断は困難な場合が多い。よって、警告を受けても退去しない文民や、その他軍事目標近傍に残留する動機が不明な文民を、攻撃側が一律に「自発的」人間の盾と見なして攻撃することには高い法的リスクが伴う。結局のところ、そのような「人間の盾」に対しても、通常と同様に均衡性評価を行うことが最も合理的な判断となる場合が多いように思われる。

以上のように、個々の文民の自発的選択による最狭義の人間の盾であっても直接の攻撃対象とすることは現実的に困難があり、人間の盾戦術の違法性を攻撃側の義務軽減要素とする余地はほとんどない。このように人道法が攻撃側に課す責任はある意味「片務的」であり、これこそ米国等がテロを助長すると批判する点である。しかし、攻撃側と防御側の現在の責任配分を、人道的保護の基盤を毀損することなく修正することは、不可能ではないにせよ、非常に困難であろう。

3　相互主義の果てに
——「一〇・七の蛮行」はすべてを正当化するのか？

イスラエルは、ガザ攻撃や人道法違反に対する批判への反論として、一〇・七のハマスによる非人道的行為により「すべてが始まった」ことを強調する（Ministry of Foreign Affairs, Israel（2023））。ハマスによる攻撃の著しい違法性が、イスラエルによる自衛権行使のみならず、イスラエル側による人道法違反をも正当化する余地はあるだろうか。

（1）「目的は手段を正当化しない」

①国際人道法の「平等」適用

国際人道法の適用は「武力紛争の性質若しくは原因又は紛争当事者が掲げ若しくは紛争当事者に帰せられる理由」と無関係に、武力紛争当事者間に平等に適用される（API前文）。よって自衛権を行使する国が、人道法の適用上、対峙する攻撃国より広い裁量・権限を与えられることはない。同時に、植民地主義・アパルトヘイト・外国による占領と戦う解放団体の「目的」の正当性が、あらゆる闘争「手段」を正当化するわけではない。ハマスは、イスラエルによる占領との「正当な」戦いにおいても、文民に対する非人道的行為（戦争犯罪）に関する責任を免れず、他方でハマスによる無差別攻撃を受けたイスラエルの「自衛権」が、その行使における非人道的行為を正当化することもない（ICJ（1996））。

②国際人道法における「相互主義」の排除

国際人道法は、相互主義に基づき、一方当事者の遵守を他方の遵守に条件付けているか。GCやAPIの共通一条は、締約国に対して、明確に「すべての場合において、この条約（議定書）を尊重し、かつ、この条約（議定書）の尊重を確保することを約束」させている。APIは、「武力紛争の際に適用される国際法の諸規則を遵守させる内部規律」の存在を「軍隊」の要件としているが（四三条一項）、その結果人道法が遵守されていることを相手方の義務遵守の条件とはしていない。NIACに関しても、組織的武装集団が人道法を遵守しているかどうかは、NIACの存在と人道法の適用の条件ではない。このように現在の国際人道法は、人道法の一般的な適用条件としての相互主義を排除している。

(2) イスラエルによる「戦時復仇」？

その一方で、国際人道法（およびその前身である戦争法）は、敵の先行する国際人道法違反に対して同様の人道法違反により対抗する戦時復仇を認めてきた。戦時復仇は、長らく最も実効的な戦争法の履行確保手段と見なされ、今日でも、水平的な履行監視と強制に依存せざるを得ない国際法の現実の下で、基本的に有効とされる。

しかし今日では、人道的保護を目的とする国際人道法において、戦時復仇による非人道的行為を容認することには問題があると考えられており、そのため大きな制約が課せられる。そもそも復仇対象となる人々は、自己が属する国による人道法違反を理由として、自らそれについて責任を負わないにもかかわらず保護を奪われる。集権的な認定機関がない国際関係においては、一方的判断による復仇がさらなる復仇を生み、非人道的事態がエスカレートする危険もある。そのため、国際人道法の発展過程において、戦時復仇は禁止・制限されるべきだと主張されたのである。

歴史上頻繁に行われた占領地住民に対する復仇は、「連座罰」として、早くも一八九九年にハーグ陸戦規則により禁止された。この連座罰には、刑事罰のみならず、「あらゆる種類の制裁およびハラスメント」が含まれる（Henckaerts and Doswald-Beck（2005））。よって、「ガザ住民を代表」しているか否かにかかわらず、ハマスの非人道的行為は一般のガザ住民にとって「連帯の責あり」と認められないものであり、イスラエルによる彼らに対する人道法違反の軍事措置は、連座罰に該当する場合がある。

また、GCは傷病者、難船者、捕虜など各条約の保護対象への復仇を禁止した。GCⅣも保護対象である占領地住民とその財産に対する復仇を禁止した（三三条一項・三項）。APⅠは、占領地住民にとどまらず、より一般的に「復仇の手段として文民たる住民又は個々の文民を攻撃」すること（五一条六項）、さらに民用物（五二条）への復仇を禁止した。

イスラエルは、GCと慣習法化しているハーグ陸戦規則に従って、それら条約の保護対象に対する復仇を禁止される。よって、ガザにおける戦闘をIACとすれば、イスラエルは少なくとも傷病者や捕虜などに対して復仇を禁じられ、ガザが占領地であればすべてのガザ住民への復仇が禁止される。ただし、上記APⅠ五一条六項・五二条の慣習法性についてのイスラエルの立場は明確ではない（Schmitt and Merriam (2015)）。そのため、ガザが占領地ではなく、ガザ住民を占領地住民と見なせない場合には、彼らへの復仇が全般的に禁じられるかどうか不明である。ただし、禁止されない戦時復仇も厳しい条件に服する。つまり、先行する人道法違反を停止させ、相手方の遵守を回復させる目的が必要であり、その必要性の範囲で（均衡性）、かつ他に取り得る手段がないこと（非代替性）が必要となる（Henckaerts and Doswald-Beck (2005)、黒﨑他（二〇二一））。

仮にガザでの戦争がNIACと性格付けられる場合はどうか。NIACに適用される条約は復仇について沈黙している。NIACにおいてしばしば「復仇」が非難されるものの、「復仇」を容認した実行はない。よって慣習法上も、NIACの当事者は、「復仇」に訴えて人道法違反を正当化する権利を有さない（Henckaerts and Doswald-Beck (2005)）。

（3）自衛と復仇の意図的混同？

戦時復仇は、武力行使禁止規則の違反（武力攻撃・侵略）に関して、反撃側の武力行使そのものの合法性を認める「自衛」とは異なるレイヤーの問題である。イスラエルが、ハマスによる一〇・七の攻撃を根拠に自衛権行使を正当化できたとしても、[3] 敵の人道法違反を理由とした自らの人道法上の義務からの逸脱は、戦時復仇として極めて厳格な条件下でしか認められない。何より、戦時復仇が合法であるためには、先行する違反と復仇とが個別に均衡している必要がある。一〇・七の攻撃の残虐性を強調することで「すべてが始まった」とする粗い言説は、このパラレルなレイヤーの議論を意図的に混同させているように思われる。

おわりに

今回のガザ戦争において、イスラエルは一貫して人道法尊重の姿勢を示した。しかし同時に、国際人道法の枠組を利己的に利用する積極的Lawfareを展開する。武力紛争の性格付けと敵であるハマスの位置づけを自国の利害に適うように操作し（フレーミング）、戦争の目的を肥大化させることでガザ住民の犠牲を広範に許容しようとした。また、ハマスによる攻撃の残虐性に依拠して、法的に許容された範囲を越えて攻撃の正当化を試みている。

この一連のLawfareの基盤となったイスラエルによる恣意的フレーミングは、本来一国の一方的な評価に過ぎないにもかかわらず、なぜ影響力を持ちえたのか。それは、イスラエル・パレスチナ／ガザ間に従来から存在した軍事的・法的な非対称性と、状況の客観的判定者の不在という国際社会の構造を原因とする。

そして、そのような客観性からの乖離は、一〇・七において示されたハマスの残虐性とそれゆえの欧米による圧倒的イスラエル支持により、イスラエル・ハマス間に新たに道徳的非対称性が加味されたことで、（瞬間的に）極大化したように思われる。イスラエルによる恣意的で無理のあるLawfareがこのような背景で影響力を高めたことを考えると、人道法の適用を合理的で適正なものに回復させるためには、この歪んだ間主観性を客観化することが必要になる。ガザ戦争を監視する外部の冷静な視線――紛争当事者が意味あるものとして受け止めざるを得ないもの――こそが「希望」なのである。[4]

【付記】

本章は二〇二三年一二月二五日に脱稿したが、その後の展開に関して付言しておく。同年一二月二九日には、南アフリカが、イスラエルによるガザに対する軍事措置がジェノサイド条約違反に当たるとの訴訟をＩＣＪに提起し、事態の展開に応じて暫定措置の命令も要請・再要請した。この訴訟は、本章で論じた国際人道法とは別の複雑な論点を含むため、ここではそのような事実を想起するにとどめておく。

さらに、本章校了後の二〇二四年五月二〇日、ＩＣＣ検察官がハマスの政治・軍事指導者であるヤヒヤー・スィンワール、ムハンマド・ダイフ、イスマーイール・ハニーヤの三氏と、イスラエルのベンヤミン・ネタニヤフ首相およびヨアブ・ガラント国防相に対する逮捕状発給を予審裁判部に請求した。前者に対しては一〇・七の攻撃に関連した文民の殺害・人質行為・拷問・強姦などの戦争犯罪・人道に対する犯罪を訴因とし、後者に対してはガザ住民の飢餓を戦闘手段として利用したことやそれによる殲滅行為に関する戦争犯罪・人道に対する犯罪を訴因とする。集団殺害犯罪（ジェノサイド）に関する責任が問われるかどうかは、今後の捜査に委ねられた。本章との関連において注目されるのは、検察官がハマスによる攻撃をＮＩＡＣとし、イスラエルによる軍事行動をパレスチナに対するＩＡＣとハマスに対するＮＩＡＣが併存した状態とした武力紛争の性格付けである。検察官が一〇・七以降の攻撃全体をＮＩＡＣと見なすイスラエルのフレーミングを採用しなかったことは評価できるが、ＩＡＣとＮＩＡＣがガザで併存していると捉える見方の問題点については本章で説明したとおりである。ただし、検察官はガザが少なくともイスラエルによる支配回復後は（場合によっては一〇・七以前から）イスラエルによる占領下にあると認めており、今回の戦争におけるイスラエルによる国際人道法違反の多くはＩＡＣの文脈で行われたものと評価されるであろう。

（1）　ハマスに対する外国の支援は、紛争の性格付けを変化させうる変数であるが、ここでは取り上げない。

（2）　このようなＩＡＣとＮＩＡＣの規則の相違は、その違反である戦争犯罪の範囲にも反映される。ＩＣＣの管轄権の対象となる戦争犯罪について、規程八条二項の各号のうち、ＩＡＣに適用される（a）（b）とＮＩＡＣに適用される（c）（e）を比較されたい。過度な付随的損害、飢餓の利用、非人道的兵器の使用、入植地建設など、ガザ戦争を含むパレスチナ領域でのイスラエルの行為で批判が集中しているものに関して、ＩＣＣ規程上の戦争犯罪に該当しうるのはＩＡＣの文脈においてのみであることが注目される。

（3）　非国家主体による攻撃が国連憲章五一条において自衛権行使要件とされる「武力攻撃」に該当するか、長年の議論がある。立論に難はあるが、パレスチナ占領地の文脈でイスラエルによる自衛権の主張を退けたのが、ICJ（2004）である。

（4）　もちろん、ハマスやパレスチナによるフレーミングやLawfareも行われている。それに対する批判もありうるが、本章で指摘した当事者の非対称性に鑑み、イスラエルによるそれと対置しては論じないこととした。

参考文献

Benvenisti, Eyal（2012）, *The International Law of Occupation*（2nd ed., Oxford University Press）.

Cohen, Amichai and Shany, Yuval（2023）, *Unpacking Key Assumptions Underlying Legal Analyses of the 2023 Hamas-Israel War*. https://www.justsecurity.org/

Dinstein, Yoram（2019）, *The International Law of Belligerent Occupation*（2nd ed., Cambridge University Press）.

Dinstein, Yoram（2022）, *The Conduct of Hostilities under the Law of International Armed Conflict*,（4th ed., Cambridge University Press）.

Henckaerts, Jean-Marie and Doswald-Beck, Louise（2005）, eds., *Customary International Humanitarian Law*, Vol. I,（Cambridge University Press）.

ICJ（1986）, *Military and Paramilitary Activities in and against Nicaragua（Nicaragua v. United States of America）, Merits, Judgment. I.C.J. Reports 1986*, p. 14.

ICJ（1996）, *Legality of the Threat or Use of Nuclear Weapons, Advisory Opinion, I.C.J. Reports 1996*, p. 226.

ICJ（2004）, *Conséquences juridiques de l'édification d'un mur dans le territoire palestinien occupe', avis consultatif, C.I.J. Recueil 2004*, p. 136.

ICJ（2019）, *Effets juridiques de la séparation de l'archipel des Chagos de Maurice en 1965, avis consultatif, C.I.J. Recueil 2019*, p. 95.

Israel High Court of Justice（2002）, *HCJ 7015/02 Ajuri et al. v. IDF Commander in the West Bank et al.*,［2002］Isr. L. Rep. 1.

Lieblich, Eliav and Benvenisti, Eyal（2022）, *Occupation in International Law*（Oxford University Press）.

Ministry of Foreign Affairs, Israel（2023）, *Hamas-Israel Conflict 2023: Frequently Asked Questions*, 6 December. https://www.gov.il/en/departments/general/swords-of-iron-faq-6-dec-2023

NATO, Strategic Communications Centre of Excellence（2019）, *Hybrid Threats: Hamas' use of human shields in Gaza*. https://stratcomcoe.org/publications/download/hamas_human_shields.pdf

Pictet, Jean S.（1960）, ed., *Commentary; The Third Geneva Convention*（ICRC）.

Sassòli, Marco（2023）, *Difficulties and Possible Solutions（Israel-Hamas 2023 Symposium）*, 30 October. https://lieber.westpoint.edu/

Schmitt, Michael N.（2023）, *What is and is not Human Shielding?（Israel-Hamas 2023 Symposium）*, 3 November. https://lieber.westpoint.edu/

Schmitt, Michael N., and Merriam, John J.（2015）, "The Tyranny of Context: Israeli Targeting Practices in Legal Perspective," *University of Pennsylvania Journal of International Law*, Vol. 37, pp. 53-139.

Shany, Yuval（2005）, "Faraway, So Close: The Legal Status of Gaza after Israel's Disengagement," *Yearbook of International Humanitarian Law*, Vol. 8, pp. 378-379.

新井京（二〇〇九）「『テロとの戦争』における武力紛争の存在とその性質」『同志社法学』六一巻一号、一―五四頁。

新井京（二〇二四）「二〇二三年ガザ戦争と国際人道法：紛争の性格付けはなぜ重要か？」『法学セミナー』八二九号、六〇―六六頁。

黒﨑将広（二〇二三）「戦場における武力紛争法：軍事的必要性と人道性の比較考量と軍隊指揮官の事前評価」『法学教室』五〇九号、二〇―二四頁。

黒﨑将広他（二〇二一）『防衛実務国際法』弘文堂。

根岸陽太（二〇二四）「国際法と学問の責任：破局を再び起こさないために」『世界』九七七号、四四―五一頁。

9 国際連合とガザ情勢
——和平の可能性

江崎智絵

（えざき　ちえ）
防衛大学校人文社会科学群国際関係学科准教授
専門はパレスチナ問題、中東国際関係論
著書に『イスラエル・パレスチナ和平交渉の政治過程——オスロ・プロセスの展開と挫折』（ミネルヴァ書房）などがある。

1　パレスチナ問題との関わり

国際連合（以下、国連）は、その前身である国際連盟の時代からパレスチナに深く関わってきた。イギリスは、国際連盟の信託を受ける形で一九二二年からパレスチナでの委任統治を開始した。パレスチナに住むアラブ人とユダヤ人との対立は深まり、イギリスはその調停を試みたが、最終的に一九四七年四月、国連に問題の解決を委ね、翌五月にパレスチナ問題に関する国連の特別委員会（UNSCOP）が設立された。そして、同一一月、パレスチナをユダヤ国家とアラブ国家に分割するという国連総会決議一八一号が採択され、一九四八年五月のイスラエルによる独立宣言へと至った。アラブ諸国は、同決議に反対していた。

イスラエルの建国後、断続的に発生したイスラエルとアラブ諸国との戦争にも国連は関与してきた。一九四八年の戦争では、休戦交渉の仲介役を担った。一九五六年の戦争では、国連史上初となる国連緊急軍（UNEF）が設立され、シナイ半島に展開された。UNEFは、一九六七年五月にエジプト大統領であったナーセルの要請を受けて撤退した。一九六七年の戦争では、国連の安全保障理事会（以下、安保理）で、その後の中東和平の基盤となる決議二四二号が採択され、一九七三年戦争ではその原則を確認する安保理決議三三八号も採択された。

国連総会では、一九七四年一一月、パレスチナ解放機構（PLO）にオブザーバー資格を付与する決議三二三七号が採択された。一九八八年一二月に国連は、パレスチナ民族評議会（PLOの最高意思決定機関）が同一一月にパレスチナ国家の独立を決定したことを受け、PLOにパレスチナという呼称を用いるとの総会決議を採択した。

一九九〇年代に開始されたイスラエルとパレスチナとの和平交渉は、「土地と平和の交換」原則を旨とする国連安保理決議二四二号および三三八号を土台として展開されていった。国連は、イスラエルに永続的かつ平和裡に隣接するパレスチナ独立国家の樹立という二国家解決策を支持する姿勢を維持していったのである。

二〇〇〇年代に中東和平が停滞すると、二〇一一年九月、パレスチナは国家として国連への加盟申請を行った。しかし、これは叶わず、二〇一二年一一月末、国連総会でパレスチナに非加盟国家としての地位を認める決議が採択された。

二〇一六年一二月、国連安保理は、一九六七年の戦争以降にイスラエルが進めてきた東エルサレムを含むパレスチナの占領地での入植地の建設が国際法違反であり、二国家解決策の主要な障害となっているとして、法的な有効性を持たないことを決議二三三四号として確認した（United Nations, S/RES/2334, December 23, 2016）。この決議が採択されたのは、一四カ国が賛成票を投じるとともに、イスラエルを非難する決議には拒否権を発動することの多いアメリカが棄権したからであった。

二〇一七年一二月六日、アメリカのトランプ（Donald J. Trump）大統領（当時）がエルサレムをイスラエルの首都と認定し、アメリカ大使館の移設を進めることを明らかにすると、国連安保理では、アメリカにこの発言を撤回するよう求める決議案が採決された。しかし、アメリカが拒否権を行使し、同決議案は採択されなかった。

イスラエルが建設を続ける入植地が二国家解決策の実現を妨げているとの認識は、二〇二三年二月にも国連安保理議長声明として発出された（United Nations, SC/15203, February 20, 2023）。その中では、イスラエルによる継続的な入植活動が二国家解決策の有効性を危機にさらしていることへの懸念が表明された。また、入植活動のみならずパレスチナ人の土地の接収など一方的な措置が採られることへの異議が唱えられるとともに、テロ行為を含め、民間人に対するあらゆる暴力が非難された。

このように、国連の基本的な立場は、二国家解決策を支持するというものである。ゆえに、その実現を危ういものにすると認識されているイスラエルおよびパレスチナの様々な行為については、非難の対象となっている。では、二〇二三年一〇月七日に発生したハマースによるイスラエルへの襲撃事件に対し、国連はどのような対応を示してきたのであろうか。事件の概要を簡潔に振り返ったうえで、この点について整理してみよう。

2　事務総長の立場

二〇二三年一〇月七日の午前六時半頃、ガザ地区を実効支配する「イスラーム抵抗運動（ハマース）」らのメンバーがイスラエルとの境界に設置されたフェンスの一部に穴をあけ、バイクやピックアップトラックで、あるいはパラグライダーでフェンスを飛び越えるなどしてイスラエル領内に侵入した。その数は約三〇〇〇人に上るとも報じられた（*The Times of Israel*, November 1, 2023）。彼らによって軍の拠点、住民の住居および音楽フェスティバルの会場などが同時多発的に襲撃され、ドローンによって軍の通信網が遮断された。ガザ地区からはミサイルがイスラエルに向けて発射されたが、数千発ともいわれるその多さにイスラエルの迎撃システムも十分に機能しえなかった。この結果、イスラエルでは一日で一二〇〇名以上が殺害されるとともに、二四〇名程が人質としてガザ地区に拉致された。

　非常事態の発生を受け、イスラエルのガラント国防相は予備役の招集を許可するとともに、イスラエルが戦争状態にあるとの見方を示した。その後、ネタニヤフ（Benjamin Netanyahu）首相も同様の立場を表明し、イスラエル軍はガザ地区への空爆を開始した。一方、報道によれば、軍が襲撃現場となった複数の場所に到着するまでには一〇時間近くが費やされた場所もあったという（*New York Times*, October 24, 2023）。襲撃事件が発生した南部をイスラエル軍が完全に掌握したと発表したのは、事件発生から三日後の一〇月九日のことであった。

　このハマースによる襲撃事件に対し、国連のグテーレス（António Guterres）事務総長は、最も強い文言で非難したとされている（United Nations, SG/SM/21981, October 7, 2023）。事務総長は、ハマースによる襲撃事件でイスラエル側に多くの死傷者および拉致被害者が出たという民間人への攻撃について深い懸念と心配を表明し、最大限の自制を促した。いかなる時も民間人は、国際人道法に基づき保護されなければならないからである。そのうえで、暴力では紛争を解決することはできず、二国家解決策へと至る交渉を通してのみ平和が実現されることが強調された。

　事務総長は一〇月二四日、国連安保理の会合に出席し、いかなる時も民間人の保護が基本原則であることを確認したうえで、ハマースによるイスラエルでのテロ行為を非難した（United Nations, SG/SM/22003, October 24, 2023）。事務総長は、民間人に対するハマースらの様々な行為（殺害、傷害、誘拐、ロケット発射）を一切正当化することはできないと述べる一方、ハマースの攻撃が何もない中で起きたわけではなく、パレスチナ人が五六年間も占領下に置かれていることを認識することの重要性も指摘した。また、パレスチナ人の嘆きがハマースの攻撃を正当化することはないのと同様に、パレスチナ人に対する集団懲罰（collective punishment）も正当化されないとの立場が示された。さらに、戦争にはルールがあり、民間人の保護が何より優先されるべきことが主張された。事務総長によれば、「民間人の保護とは一〇〇万人以上のパレスチナ人にシェルターも食料も水も薬も燃料もない場所である南部へと避難するよう命じることではな」く、「南部地域自体に爆撃を続けること」でもない。こうした事態の中にあっても国連パレスチナ難民救済事業機関（ＵＮＲＷＡ）の活動に従事し、戦争の犠牲となった国連職員への哀悼の意も表明された。事務総長の一連の発言は、このような時でさえ、平和と安全のための二国家解決策を見失ってはならないとの一文で締められた。

　事務総長は、ハマースらによる襲撃事件の発生から一ヵ月となるタイミングにおいて、あらためてハマースによるテロを非難した。また、一二月一日に一週間の休戦を経てイスラエルとハマースとの戦闘が再開されたことを受け、あらゆる当事者に国際人道法の下での義務を順守するよう求めた（United Nations, SG/SM/22071, December 4, 2023）。

こうした事務総長の見解には、国際法の順守というルールにおいては民間人の生存が何よりも尊重され、彼らへの保護が最優先事項となるとの立場が明確に示されている。また、パレスチナをめぐる情勢が悪化する状況にあっても、国連のみならず国際社会としてもイスラエルとパレスチナに平和と安全をもたらすために二国家解決策を維持し続けなければならないという姿勢が打ち出されている。

とはいえ、こうした国連に対するイスラエルとパレスチナとの受け止め方は、対照的である。次に示すように、イスラエルには国連に対する反感が強いが、パレスチナは国連との連携を対外的な資源にしたいと考えているからである。

3　イスラエルおよびパレスチナの国連観

事務総長による国連安保理での一〇月二四日の発言内容に、イスラエルは強い反発を見せた。エルダン（Gilad Erdan）駐国連大使は、事務総長が子供、女性および高齢者に対する大量殺人への理解を表明したとして、グテーレスの辞任を求めた（*The Times of Israel*, October 24, 2023）。

イスラエルとパレスチナおよびシリアとの和平交渉が停滞した二〇〇〇年以降、イスラエルに対する国際的なＢＤＳ運動、すなわちボイコット（boycott）、資本引き上げ（divestment）および制裁（sanction）という動きが助長されるようになった。フレイリッヒ（Charles D. Freilich, 2018）によれば、国連など国際的な機構においては、イスラエルへの敵対視が深まったとされている。結果的にこれらが、イスラエルの国家安全保障政策において外交の余地を低減させることになったのであった。イスラエルの外交は、防御的なメンタリティに後退してしまった。

先に述べたとおり、二〇一六年一二月末には、イスラエルの入植活動を非難する決議が国連安保理で採択された。これは、アメリカが拒否権を発動するのではなく、採決を棄権したことによって成立したといえる（*New York Times*, December 23, 2016）。このアメリカの動きに対して、イスラエルのネタニヤフ首相（当時）は、オバマ（Barak Obama）政権が国連において反イスラエル的な操作を行ったと述べた（*Haaretz*, December 24, 2016）。また、イスラエルのダノン（Danny Danon）駐国連大使（当時）は、「価値を共有している最大の同盟国であるアメリカが期待に反する行動をとった」として強く非難するツイートを投稿した（*CBS News*, December 23, 2016）。

国連に対するイスラエルの反感は、必ずしも中東和平交渉の停滞によってもたらされたものではない。ビエラー（Uri Bialer, 2020）によれば、一九四八年九月、交戦中であったイスラエルとアラブ諸国との仲介を担っていた国連のベルナドッテ（Folke Bernadotte）主席交渉官がエルサレムでユダヤ人によって暗殺されたことは、国連がアラブ諸国に総会決議一八一号を受け入れさせようとしなかったため、国連がイスラエル国防軍にとって優勢な状況をアラブ側に有利なように逆転させようとしているのではないか、とのイスラエルの不信感を背景とするものであると捉えられるのであった。

一方、パレスチナの対外的な政策上の立場は、国連を重視したものである。アッバース（Maḥmūd Abbās）大統領のホームページやパレスチナ自治政府の外務省ホームページで確認することができる。ここでは、前者を参照し、主要な点を整理してみたい（*Mawqif al-Filasṭīnī min al-Qaḍāyā al-Maṭrūḥ*, Maḥmūd Abbās Ra'īs Dawlat Filasṭīn）。最初に示されているのは、国連への正式な加盟を目指すという「国連アプローチ」の意図である。パレスチナによれば、この動きは、イスラエルとの和平交渉に矛盾するものではない。むしろ、このことは、イスラエルとの和平交渉の原則である「土地と平和の交換」を再確認するためのものである。すなわち、占領地での入植活動の完全な停止と、多少の修正の下で一九六七年ラインに沿ったパレスチナ独立国家の樹立を実現することになる。そのため、国連アプローチは、イスラエルの正統性を侵害するものではなく、パレスチナ国家への国際的承認を確保し、占領の不当性を強調するためのものである。これにより、国連アプローチは、地域の平和と安定に寄与するとされている。

パレスチナのこうした認識は、二〇一七年一二月にアメリカがエルサレムをイスラエルの首都と認定したことへの反応にも確認することができよう。パレスチナは、アメリカによる中東和平への関与を認めないとの姿勢を明らかにするとともに、二〇一八年二月二〇日、アッバース大統領が国連安保理で和平案を提案した。その内容は、二国家解決策を実現したいとのパレスチナの変わらぬ立場に基づく以下のようなものである（*Wafa*, February 20, 2018）。まず、二〇一八年半ばまでに国際的な和平会議が開催される。参加者は、パレスチナとイスラエルに加え、中東和平に関与している国々である。こうした国際会議では、最終的にパレスチナ国家が国連に完全に加盟することが認められ、同時に一九六七年六月四日ラインに基づくパレスチナ国家とイスラエルとの相互承認もなされる。また、最終的地位交渉を支援するための多国間体制が構築され、合意の履行が保証される。さらに、最終的地位交渉に影響すると思われるあらゆる一方的な行為は、停止される。その中で最も重要なのは、イスラエルによる入植活動と、エルサレムをイスラエルの首都と認め、大使館を移転する動きである。

このように捉えると、例えば二国家解決策への支持を明確に打ち出す国連と、その実現が自身にとって死活的であると考えているパレスチナとの間には、立場の親和性が高い。実はハマースも、二国家構想を受け入れるようになったとされている（例えば*Haaretz*, May 17, 2017）。しかし、ハマースに対する国連の立場および姿勢は、敵対的であった。以下ではこの点について簡潔に振り返るとともに、一〇月七日以降に事務総長の発言と並行して国連でどのような動きが見られたのかについて論じてみたい。

4　決議案に見るハマースへの対応

二〇〇〇年九月、第二次インティファーダの発生によってパレスチナ情勢が悪化する中で、アメリカ、ロシア、欧州連合（略称EU）および国連によってカルテット（中東和平四者協議）が結成された。カルテットは、二〇〇六年一月、パレスチナ立法評議会選挙でハマースが第一党となると、ハマースに対する自治政府への参加条件として、暴力の放棄、イスラエルの生存権承認および過去の合意の順守、という三点の受諾を求めた。しかし、ハマースがそれを拒否すると、カルテットらは、アッバース大統領を筆頭としてパレスチナ自治政府を構成する主要組織であるファタハを支援する一方、ハマースへの締め付けを強化した。

一方国連は、二〇〇八年末以降イスラエルとの度重なる戦争で人道状況も悪化したガザ地区の人々に対し、UNRWAを通じた支援を継続してきた。また、二〇一八年五月には、エジプトとともにイスラエルとハマースとの間接的な政治協議を仲介したとされている。

では、ガザ地区をめぐる国連の動きへと焦点を移してみよう。二〇二三年一〇月一六日、ロシアが主導した決議案が安保理に提出された。ガザにおける人道的停戦、全人質の解放、支援へのアクセスと民間人の安全な退避が要点とされた（*al-Jazeera*, October 25, 2023）。採決では、中国、ロシアおよびアラブ首長国連邦（UAE）が賛成票を投じたが、ハマースを名指しすることも非難することもない点への反発によって、日本、フランス、イギリスおよびアメリカが反対したことで、採択には至らなかった。

一〇月一八日にはブラジル主導で、安保理に決議案が提出された。内容は、ガザに対する十分かつ妨害されることのない支援の実施のための人道的休戦（humanitarian pause）、すべての民間人に対する暴力の非難、イスラエルによる退避命令の取り消しが要請されているものであった。採決では、ロシアおよびイギリスが棄権し、アメリカが拒否権を発動させたため、採択には至らなかった。アメリカのトーマス＝グリーンフィールド（Linda Thomas-Greenfield）駐国連大使は、同決議案がイスラエルによる自衛権の行使に言及していないことを指摘した。また、バイデン（Joe Biden）大統領によるイスラエル訪問に際して、現実の外交を最後まで機能させる必要があるとの発言がなされた（*al-Jazeera*, October 25, 2023）。

一〇月二五日には、ロシアとアメリカがそれぞれ安保理に決議案を提出した（*al-Jazeera*, October 25, 2023）。ロシア版は、イスラエルによるガザ北部住民への退避命令の迅速な取り消しを要請したもので、イスラエルの自衛権については何ら言及されていなかった。同決議案は、中国、ロシアおよびUAEを含む四カ国の賛成を得たが、イギリスおよびアメリカが反対するとともに九カ国が棄権したため、採択されなかった。

アメリカ主導の決議案は、停戦ではなく、ガザ地区に支援物資を搬入するための人道的休戦の実現を呼びかけるものであった。国際法に基づき、すべての国に固有の自衛権があることへの支持が表明され、ハマースに対しては全人質の解放が要請された。この決議案は、一〇カ国の賛成を得たものの、ロシアおよび中国が拒否権を発動し、採択に至らなかった。UAEは反対した。

二つの決議案はともに、ハマースによるイスラエルの民間人への攻撃を非難し、ガザに対する人道援助を緊急に提供するよう要請していた。イギリスは、安保理に対し、バランスの取れた決議案の採択に取り組むよう要請し、ロシアがイスラエルの自衛権を支持しなかったことを指摘した。中国は、アメリカがガザにおける危機の根本原因もしくはイスラエルによる封鎖や退避命令について述べなかったため、ロシアの決議案に賛成したと述べた。また、自身による拒否権の発動については、アメリカの決議案が戦闘を終結すべきか否かという問題点（への対応）を回避しているとして、良心と正義によるものであったと説明した。アメリカは、ロシアが提出した決議案について、関係国との事前の協議がなされていないとの見方を表明した。

一〇月二七日、ヨルダンが主導した決議案が国連総会の緊急会合で採択された。イスラエルとハマースとの敵対行為を終わらせるための迅速かつ持続可能な人道的停戦（humanitarian truce）の実現が呼びかけられた。それに先立ち、カナダが提案した同決議案の修正案が否決された。修正案では、ハマースおよびハマースによる人質の拉致が明確に非難されていた（United Nations, GA/12548, October 27, 2023）。

安保理を中心として国連における議論の経緯を振り返ると、ハマースに対する非難およびイスラエルの自衛権に対する支持という文言の挿入の有無をめぐる対立もしくは分断線が立ち現れてくる。ハマースに対する非難およびイスラエルの自衛権を支持するアメリカおよびイギリスに対し、ロシアおよび中国は、ハマースを名指しして非難することはせず、イスラエルの自衛権に言及することもない。総会の場でもハマースの行為に対する批判の有無が争点化したが、総会でなければ決議案の採決がなされないという状況は、安保理の機能不全を如実に物語っている。

5　事務総長による国連憲章九九条の発動

安保理では、その後も決議文をめぐる駆け引きが続いた。ガザ地区の人道状況が悪化の一途をたどる中、事務総長による事態の打開が試みられた。それは、以下のような経緯であった。

一一月一五日、国連安保理は、決議二七一二号を採択した（United Nations, S/PV. 9479, November 15, 2023）。採決の過程では、ロシア、イギリスおよびアメリカが棄権した。同決議は、ハマースなどの諸組織による人質の迅速かつ無条件の解放を求め、ガザ地区の民間人に対する支援提供のための人道的休戦の実現と回廊の設置を求めるものであった。採択前の説明でUAEのヌセイベ（Lana Nusseibeh）大使は、イスラエルとハマースとの対立が始まってからというもの、安保理はガザの民間人の苦しみを緩和しうる具体的な成果を生み出すことができずにきたが、今回の採択がその認識を変える機会となることへの期待を表明していた。

採択後、アメリカのトーマス＝グリーンフィールド大使は、安保理が国際的な平和と安全に関する重要な問題に正々堂々と意見を述べることができない（毅然とした態度をとれない）ことへの不満や懸念が高まっていた中で、今回の決議が採択されたことは建設的な取り組みの成果であったとの見方を示した。一方、大使は、安保理メンバーの数カ国が依然として一〇月七日に襲撃事件を起こしたハマースを非難しないことに遺憾の意を表明し、アメリカは、ハマースを非難しない、もしくはテロ攻撃から市民を守る権利が全加盟国にあることを認めない決議文には賛成できないとした。とはいえ、大使によれば、今回の決議は、アメリカがハマースに関して初めて受け入れた決議であり、人質の即時かつ無条件解放とともに、ガザの民間人への十分な早急かつ安全で妨害されないアクセスのための人道的休戦を支持するとの姿勢の表れであった。

ロシアは、自身が提案した文言の修正が認められずに棄権した。要求された修正内容とは、本文に「さらに、敵対行為の停止へと至る即時かつ持続的で実現可能な人道的停戦（humanitarian truce）を求める」という段落を追加するというものであった（United Nations, S/PV. 9479, November 15, 2023）。この修正提案は、中国を含む五カ国が賛成する一方、アメリカは反対し、日本、フランスおよびイギリスを含む九カ国が棄権したために、受諾されなかった。

一二月六日、国連のグテーレス事務総長は、国連憲章の九九条に基づき、人道的な停戦の実現を安保理に要請した（United Nations, December 6, 2023）。九九条によれば、事務総長は、国際的な平和および安全の維持を脅かすと考える問題について安保理の注意を促すことができる。この動きに対し、イスラエルのコーエン（Eli Cohen）外相は、リン・ヘイスティングス（Lynn Hastings）国連パレスチナ領担当調整官の査証を取り消す決定をしたと発言した。

一二月八日、安保理の会合に出席した事務総長は、九九条の発動という前例のない決断の背景について、次のように述べた（United Nations, SG/SM/22076, December 8, 2023）。ガザ地区の人道援助システムは、限界点にある。その崩壊が公共秩序をも崩壊させ、ガザ地区住民のエジプトへの大量移動の圧力を増大させるのみならず、地域全体の安全を悪化させることが懸念される。占領下の西岸地区、レバノン、シリア、イラクおよびイエメンには、既に治安の悪化が波及しているといえる。ガザ地区の状況は人道的悪夢としかいえないものである。第一に効果的な民間人への保護がなく、第二に食糧が不足しており、第三に保健システムはニーズが急速に高まる一方、崩壊しかかっている。

そのうえで事務総長は、平和的な未来のための唯一実行可能な可能性が二国家解決策にあるため、それを視野から消し去ってはいけないと述べた。国連決議および国際法に基づく二国家解決策こそ、イスラエル、パレスチナおよび国際的な平和と安全のために死活的であるとされた。

6 安保理での攻防

事務総長による九九条の発動を受け、国連安保理では一二月八日に緊急会合が開催された。UAEが主導して作成された決議案が提出され、採決が行われたが、フランス、中国およびロシアを含む一三カ国が賛成したものの、イギリスが棄権し、アメリカが拒否権を発動する結果となった（United Nations, December 8, 2023）。同決議案は、人道的な即時停戦、人質の即時かつ無条件解放などを求めていたもので、最終的に総会で採択された。

その後も安保理では、UAEを中心に、ガザ地区における人道状況の悪化を少しでも緩和するための調整がなされていった。一二月一八日、アメリカが反対していた「停戦（cease-fire）」を盛り込んだ決議案の採択が延期された。アメリカに拒否権を発動させないためであった（*The Washington Post*, December 22, 2023）。翌一九日、UAEが支持した新たな決議案では、停戦（cease-fire）が削除され、代わりに「安全で妨害のない人道的アクセスを可能とする緊急の敵対行為の停止（suspension of hostilities）」という文言が挿入された。しかし、決議案の文言をめぐる交渉は妥結せず、採決は再度延期された。

一二月二〇日、安保理での会合は再開されたが、文言の調整は続いた。最終的に一二月二二日、安保理では決議案が採決され、アメリカとロシアが棄権したことで決議二七二〇号が採択された。同決議では、アメリカが要望していた点のうち、ハマースについては、一〇月七日に発生したイスラエルに対する暴力の扇動者とは名指しされなかったことで実現はされなかったが、完全かつ即時の停戦についても盛り込まれず、アメリカの意に沿う内容となった。また、イスラエルに対してガザに入るすべての支援物資の検査に関するコントロールを放棄するよう求める代わりに、国連のグテーレス事務総長に対して、支援物資全体を監督する「調整官」の任命が要請されたが、イスラエルの役割は曖昧なままとされた。

グテーレス事務総長は、イスラエルによる攻撃が人道支援の実施を何よりも阻害しているとして、停戦決議の必要性を示唆した（*The Guardian*, December 22, 2023）。一方、アメリカが棄権したことでガザ地区に対する人道支援のための決議が採択されたことを受け、イスラエルのエルダン大使は、同国が必要な量の支援物資の搬入を認めているとして、支援メカニズムに焦点を当てた決議は不要であるとの見解を示した（Ibid.）。他方、イギリスの姿勢には変化が見られたとの指摘もある（*The Washington Post*, December 22, 2023）。イギリスは、安保理および総会ともにそれまでの採択で棄権を選択してきた。しかし、ガザ情勢の更なる悪化を受け、「ガザでの暴力の連鎖を断ち切るための持続可能な停戦」の実現を呼びかけるようになったという。アメリカが徐々に安保理において孤立しているかのようである。

一二月二六日、グテーレス事務総長は、国連安保理決議二七二〇号に基づき、オランダのシグリッド・カアグ（Sigrid Kaag）をガザ人道復興上級調整官に任命した（United Nations Office for the Coordination of Humanitarian Affairs, December 26, 2023）。任期は二〇二四年一月八日からであるとされたが、イスラエルは、国連職員への査証について自動的に発給することはしないとの姿勢を表明した（*The Times of Israel*, December 26, 2023）。

ガザ地区でのイスラエルとハマースとの戦争は、形を変えて安保理を中心とする国連の場にも反映されている。加盟国間の対立は、国連がより効果的な役割を果たす機会を制限している。とはいえ、ガザ地区における民間人の被害は留まるところを知らず、ゆえに人道危機への一刻も早い対応の必要性は増すばかりである。各国の政治的立場に変化が全く見られないわけではないが、そのスピードは遅々としている。遅きに失することが懸念される。

戦争後のガザ地区の治安体制について、アメリカは、二国家解決策への回帰を主張してきているが、イスラエルはその受け入れに反対している。しかし、パレスチナは、二国家解決策を支持している。今後の情勢は不透明であるが、二国家解決策が少なくとも和平の実現に向けた選択肢であり続けるためにも、国連には果たす役割があるといえよう。

参考文献

Charles D. Freilich（2018）*Israeli National Security: A New Strategy for an Era of Change*, Oxford University Press.
Uri Bialer（2020）*Israeli Foreign Policy: A People Shall Not Dwell Alone*, Indiana University Press.

10 日本の対中東・パレスチナ政策の展開

酒井啓子

（さかい　けいこ）
千葉大学特任教授
専門は中東政治、イラク地域研究、国際関係論
著書に『「春」はどこにいった：世界の「矛盾」を見渡す場所から 2017-2022』（みすず書房）、『9.11後の現代史』（講談社現代新書）、『移ろう中東、変わる日本：2012-2015』（みすず書房）など多数がある。

一〇月七日、ハマースによる「越境」攻撃とそれへのイスラエル軍の報復攻撃が起きたのは、半世紀前に発生した第四次中東戦争の、開始翌日にあたっていた。日本では、もっぱらオイルショックから半世紀というタイミングをとらえて、五〇年前の日本外交を振り返る機会が増えていた。半世紀前と変わらず中東産油国に原油輸入のほとんどを依存していることを改めて指摘し、当時経験した危機的状況から得た学びを、日本は引き続き自覚的に中東外交、資源外交を展開しているだろうか、と自省する。ガザ攻撃が起きたのは、その矢先であった。

半世紀前の衝撃を上まわる、イスラエル・パレスチナ情勢の急展開を前に、我々はなにか「よりまし」な対応を取っているのか。「よりまし」な理解と関心を、イスラエルとパレスチナに向けることができているのだろうか。

本章では、過去半世紀の日本の中東外交政策の変遷を、石油供給の安定的確保という経済的利益追求という観点だけからではなく、パレスチナ問題への関わりに光を当てて概観したい。そこで浮き上がってくるのは、一九九〇年代にわずかではあるが模索されてきた日本独自の対中東外交の軸のひとつが、パレスチナ問題を巡るものであったということである。その日本独自の対パレスチナ政策が、ガザ戦争で活かされるのかどうか。九〇年代の日本の対パレスチナ支援を中心に、振り返ってみたい。

1　パレスチナ問題への関わり

第二次大戦後の日本の対中東政策は、政治課題としてではなく、主として経済的課題として編まれてきた。その最大の焦点が、海外からの石油の安定供給である。戦後、石油供給を「メジャーズ」と呼ばれる欧米の石油会社に依存せざるを得ない環

境に置かれてきた日本は、基本的には米国の対中東政策に追随する他ない状態にあった。モサッデク政権下のイランに出光興産創業者、出光佐三が強引にタンカーを派遣した「日章丸事件」のエピソードや（出光興産ホームページ）、サウディアラビアと利権協定を締結し、「日の丸油田」を担うアラビア石油株式会社を立ち上げた山下太郎の活躍にみられるように（アラビア石油ホームページ）、一九五〇年代半ば以降一部の民間企業家のなかには中東産油国からの直接の原油輸入の道を模索する動きもあったが、日本の国益として石油資源の確保が重要であるという認識は、必ずしも官財界全体に広く共有されていたとはいいがたい。

他方で、五〇年代の日本の外交政策においては、当時影響力を高めつつあったアジア、アフリカ諸国による非同盟諸国運動にもある程度の配慮、関心と協調姿勢が見られた。外務省が刊行する年次報告書「わが外交の近況」第一号の「二、わが国外交の基調」において、「国際連合中心」、「自由主義諸国との協調」および「アジアの一員としての立場の堅持」を三大原則[1]として掲げたことからもわかるように（外務省 一九五七）、当時対アジア協調外交は大きな力点が置かれて進められていた。そのことが、エジプトをはじめとしたアラブ・ナショナリズムへの同情、関心にも反映されていたといえよう。レバノン危機における日本の仲介外交には、そうした姿勢が反映されている（権 二〇〇七）。

ただ、アジア、アフリカのナショナリズムへの心情的な支持と、中東との経済関係強化を目的とした外交政策が結びつくのは、一九七三年の第四次中東戦争を契機としたオイルショックを待たなければならなかった。石井は、その回顧録で「日本の一九六〇年代が経済の時代であったことの帰結として、当時の日本のアラブに対する関心は、専ら経済的利益・必要性に根差したものだった。このため、日本の対アラブ外交は「経済外交」に専念し、政治問題には関与しないという立場を貫いた」と述べている（石井 二〇二三）。

一九七三年のＯＡＰＥＣ（アラブ石油輸出国機構）諸国による石油禁輸措置は、日本に、親アラブ外交を積極的に展開し、パレスチナへの支援を明言することの必要性を実感させた出来事だった。英仏など旧植民地宗主国が入っているにも関わらず、日本は一九七三年のアラブ産油国による禁輸措置において、「友人」のカテゴリに入れられなかったからである。日本政府は、これまでも必ずしも親イスラエル路線をとってきたわけではない、という認識だったため、その措置はまさに「ショック」だっただろう。だが、それまでの中東戦争に対する日本の主張には、イスラエルの即時無条件撤退やパレスチナ人の民族的権利が盛り込まれていなかったのである。一九七三年一一月二二日、当時の田中角栄内閣の官房長官を務めた二階堂進による「談話」が一歩踏み出したのは、その二点であった。「談話」の主要部分をピックアップすると、以下の通りである。

「わが国政府は、中東紛争解決のために下記の諸原則が守られなければならないと考える。（1）武力による領土の獲得及び

図1 アラブ諸国・イラン・トルコからの日本企業の建設事業受注件数・比率

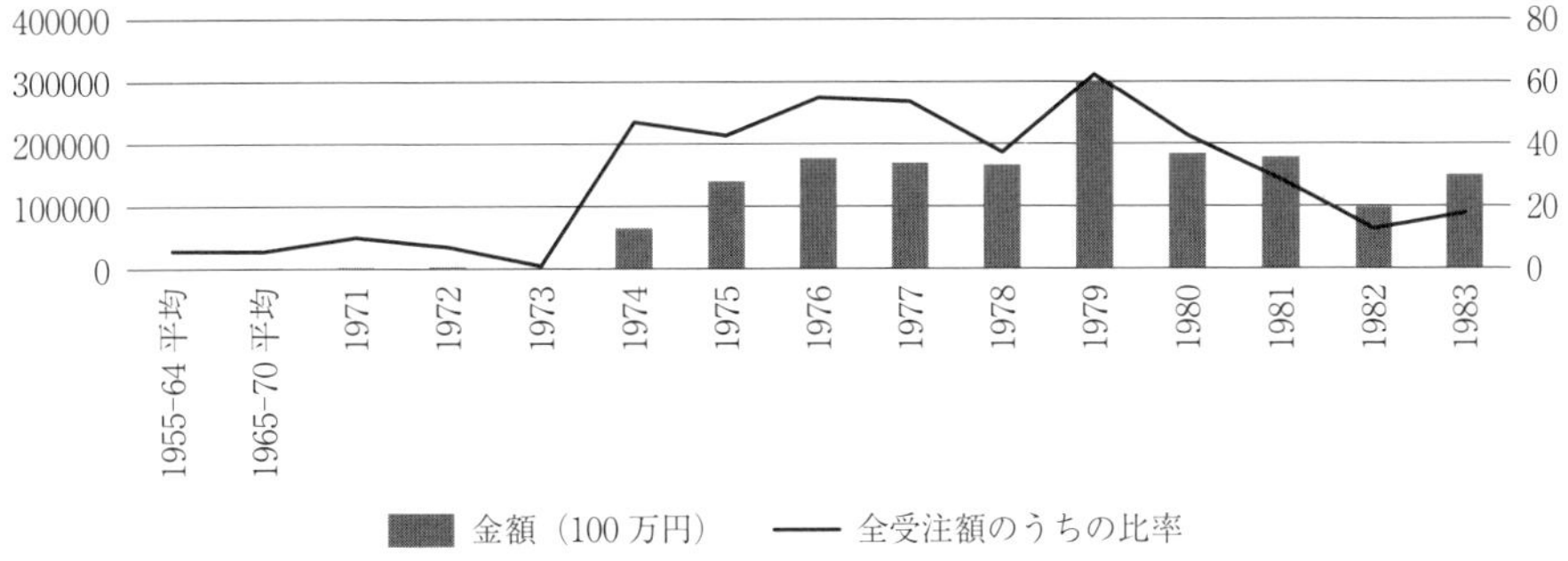

（出所） 海外建設協会「30 年のあゆみ資料編」（1985 年）。

占領の許されざること。（2）一九六七年戦争の全占領地からのイスラエル兵力の撤退が行なわれること。（3）域内の全ての国の領土の保全と安全が尊重されねばならず、このための保障措置がとられるべきこと。（4）中東における公正、かつ、永続的平和実現に当ってパレスチナ人の国連憲章に基づく正当な権利が承認され、尊重されること。

3 わが国政府は、上記の諸原則にしたがつて、公正、かつ、永続的和平達成のためにあらゆる可能な努力が傾けられるよう要望する。我が国政府としても、もとよりできる限りの寄与を行なう所存である。……わが国政府はイスラエルによるアラブ領土の占領継続を遺憾とし、イスラエルが上記の諸原則にしたがうことを強く要望する」

（外務省 一九七四）。

これを機会に、日本が経済的にも大きくアラブ向けに傾斜したことはいうまでもない。石油の安定供給という国益確保はむろんのことだが、オイルマネーが豊富に流れ込んだアラブ市場の魅力は大きかった。図1は、日本企業のイラン、トルコ、アラブ諸国から受注を受けた建設事業の総額の推移をグラフにしたものだが（海外建設協会 一九八五）、オイルショック後、石油収入の急増を経験した中東諸国からの発注が大きく伸びていることがわかる。また、海外からの建設事業の受注金額全体のうちに占める比率を見れば、一九七四年から八〇年まで四割から六割に上っている。具体的には、七〇年代末から八〇年代初期までの間、日本の海外事業発注相手先国のなかでは、イラン、イラク、サウディアラビアなどが上位を占めていた。

こうした日本企業の経済活動は、対イスラエル政策の見直しとも密接に関連せざるを得なかった。対イスラエル経済制裁、いわゆる「アラブ・ボイコット」は、すでに一九四〇—五〇年代に導入されていたが、特にオイルショック以降は、日本企業の多くが従わざるを得なかった。富士重工を除く自動車メーカーがすべて、アラブ向け輸出を優先させてイスラエルへの進出を自粛したほどである。

とはいえ、日本の官財界が重視したのは、あくまでも産油国との経済関係の強化であった。図2を見てわかるように、イラ

図2　日本企業の中東建設事業受注額(国別、千円)

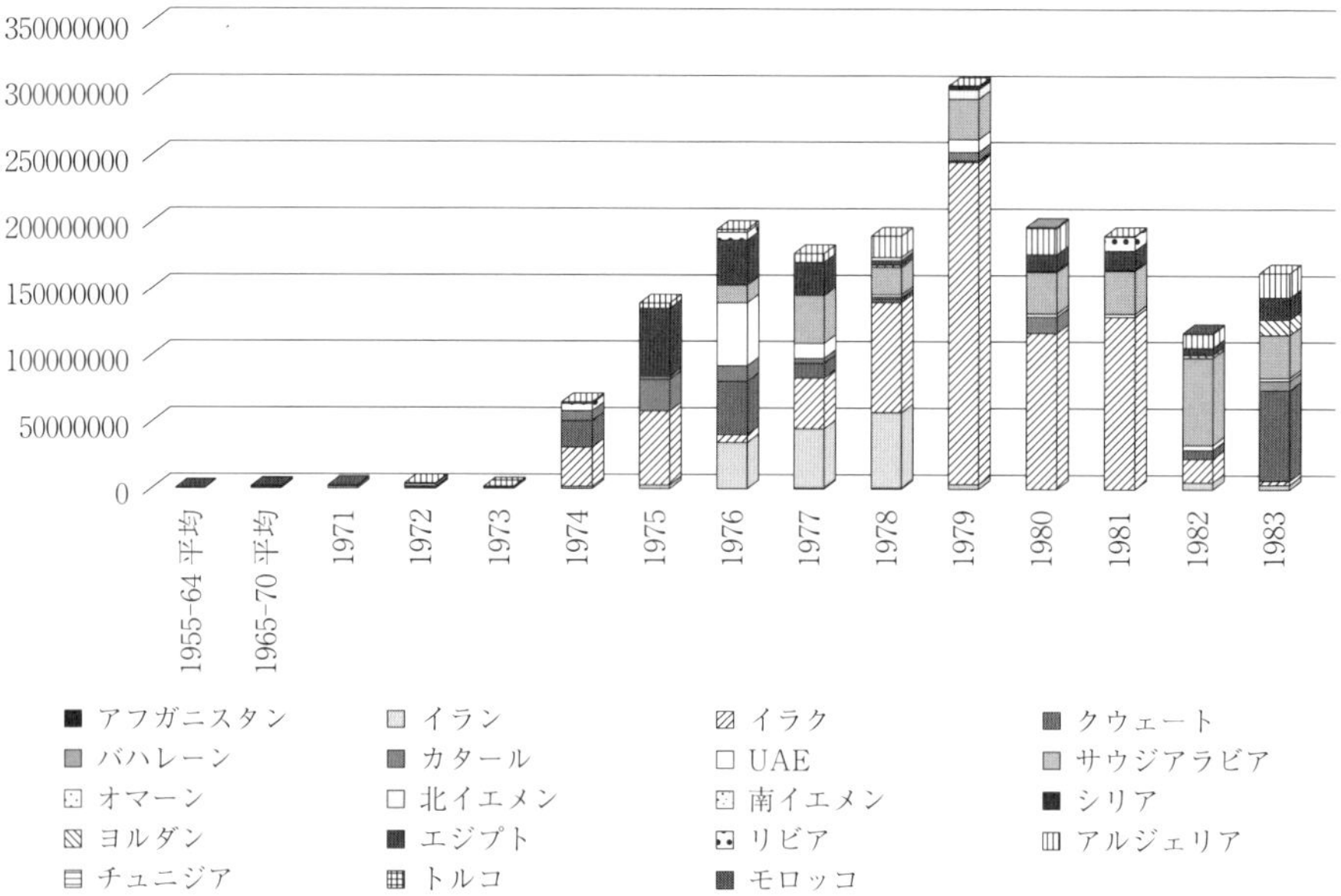

（出所）　海外建設協会「30年のあゆみ資料編」(1985年)。

ン、イラク、サウディアラビア、クウェートなどの主要産油国との経済面での交流が進んだ。ただ、産油国のなかでも、イラク、アルジェリアのように、対イスラエル強硬派の国々とも良好な関係を維持していたこと、産油国としてはさほど重要ではないが当時中東和平の鍵を握るとされていたエジプトに多くの経済事業を展開している点に、親パレスチナ政策転換後の日本の対中東政策の特徴を見ることができるかもしれない。

2　九〇年代の政策転換とパレスチナへの直接的関与

オイルショックで明白にパレスチナ支持に舵を切った日本だったが、その親アラブ政策、言い換えれば、親イスラエルに傾斜した米国の対中東政策と距離をおいた日本の独自の対中東政策が、再び対米配慮外交に変化したのは、湾岸戦争（一九九一年）、そしてイラク戦争（二〇〇三年）であった。湾岸危機が発生した際、政府内では対米協力の強化を求める主張が強まり、自衛隊の派兵を含めた人的協力の可能性が探られたが、当時の海部政権は、自衛隊派兵を含む協力については消極的な姿勢を示し、代わりに米軍やクウェート周辺の紛争関与国などに対する資金提供を決定した。

だがここで「人的協力」を実現できなかったことは、戦後クウェート政府による感謝広告に日本の名前がなかったという出来事に加えて、外務省には反省すべき「課題」として残った。一九九一年『外交青書』は「第二節　湾岸危機への日本の対応」において、以下のように総括している。「国連の努力に対しては、日本としても国際社会の責任ある一員として国力にふさわしい貢献を行うべきことは当然であるが、その際、単に資金面や物資面での協力にとどまらず、人的側面で効果的な協力を行う必要があることが痛感された。このような考えに基づいて、国際の平和及び安全の維持のために国連が採択する決議を受けて行われる国連平和維持活動などに対し、人的及び物的側面での協力を適切かつ迅速に行うことができるように国内体制を整備することを目的として政府が作成したのが、国際連合平和協力法案であった。第一一九回国会における審議の結果、同法案は廃案となったが、同法案をめぐる広範な国民的議論等を通じ、国際平和に関する活動、特に国連平和維持活動に対して人的及び物的側面での協力を行うべきことについて国民の意識は確実に高まった」（外務省 一九九一）。

その「課題」を踏まえて、イラク戦争時には、日本政府は自衛隊の派兵を含めた「人的貢献」を、戦後のイラクに対して行っていくことになる。米軍主導の対イラク戦争に日本が加担したという印象は、一部のアラブ・メディアにおいて批判的に取り上げられ(2)、日本の対米追従を印象付けることになった。反米姿勢を取るイランやイラクとも、独自に一定のパイプを維持しつづけようとした日本の対中東政策は、二〇〇〇年代に入ると影を潜めていったといえよう（酒井 二〇一三）。

そのようななかで、注目に値するのが、九〇年代以降の日本の中東和平問題に対する積極的な関与である。一九九一年の湾岸戦争において、当時のイラクのフセイン政権が、イラクのクウェート占領とイスラエルのパレスチナ占領を対比させて国際社会の対応における「ダブル・スタンダード」を非難したことに呼応して、当時のアラブ世論には対米不信感が広がっていた。これに対してブッシュ（父）米政権は、パレスチナ問題に対する何らかの配慮の必要を感じ、マドリッド会議を主導した。ここではじめて、イスラエル政府と占領地のパレスチナ人が対話・交渉する場が設けられたのである。

この中東和平プロセスに、日本政府は積極的に主導権を発揮し、政治的な関与を開始した。一九九一年版『外交青書』の「第三節 湾岸危機後の諸問題への対応」では、「主要当事者、関係国等との政治対話を強化し、有効な和平プロセス進展に向けた国際的努力に積極的に参加すること」を対中東和平の基本方針として強調している（外務省 一九九一）。それに基づき、日本は環境作業部会の議長国及び経済開発、水資源、難民の作業部会の副議長国を務め、第一回環境作業部会を東京で開催した。また水資源作業部会、経済開発作業部会においても淡水化事業、観光産業の振興を提案し、域内諸国の信頼醸成に向けて、さまざまな取り組みを開始した（外務省 一九九二）。また小泉政権時には、パレスチナの経済的自立を促す中長期的取り組みである「平和と繁栄の回廊」構想が提唱され、日本、パレスチナ、イスラエル、ヨルダンの四者による地域協力によるヨルダン渓谷の社会経済開発を推進しようとした(3)。

とはいえ、その後の和平プロセスの頓挫により日本の政治的主導権は発揮されたとはいいがたい状況に終わっている。それ

図3　政府開発援助（ODA）無償援助国別推移（100万ドル）

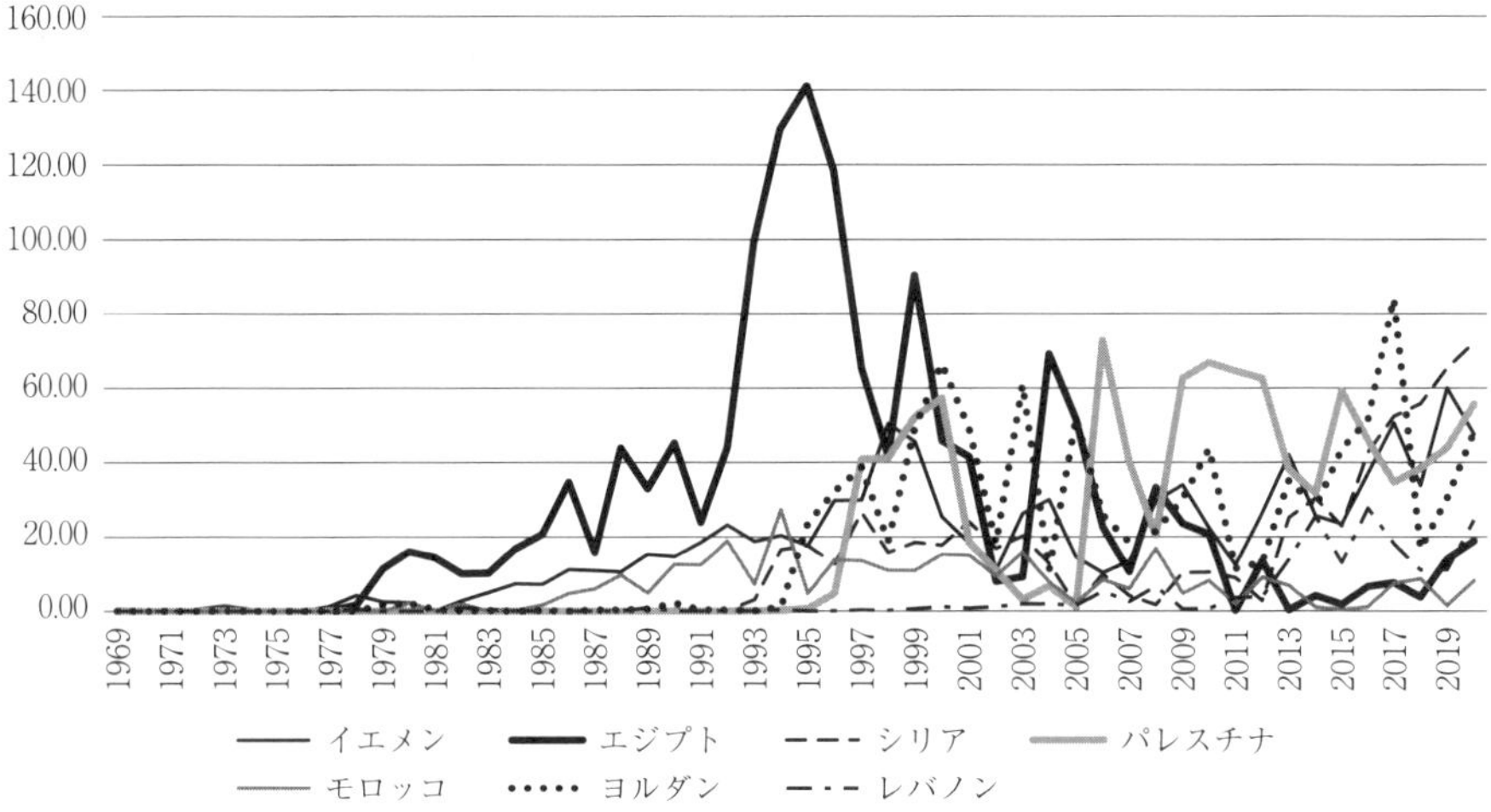

（出所）　外務省「政府開発援助（ODA）国別データ集」（2002-2022年）。

に対して、経済支援分野においては、少額ながらも恒常的に支援が続いてきたことは、注目に値する。

3　地道な日本の対パレスチナ経済支援

日本のパレスチナへの関与、支援は実に早く、日本が国際社会に復帰する前、一九五三年に始まる。この年、日本はわずか一万ドルではあるが、四年前に創設されたばかりのUNRWA（国連パレスチナ難民救済事業機関）に資金を拠出した。石井によれば、「それは、日本の経済技術協力の嚆矢とされる一九五四年一〇月六日の「コロンボ・プランへの参加に関する閣議決定」よりも以前の出来事であり、戦後の日本が実施した「人道援助第一号」であった」（石井 二〇二三）。とはいえ、その後拠出金額は増えず、一九七〇年、一九七一年に各三五万ドル、一九七二年に七五万ドルへと増加した程度だった。オイルショックでの政策転換はUNRWA拠出金にも影響を与え、一九七三年には一一〇万ドル、一九七四年は五〇〇万ドルと急増した[4]。

もっとも、二階堂談話に端を発する七三年以降の親パレスチナ政策は、経済支援は、パレスチナに直接提供されるのではなく、むしろ中東和平交渉に強い影響力を持つ周辺国、すなわちエジプト、シリア、ヨルダンに対して向けられた。図3は、国際機関を通じた支援も含めた日本政府による無償援助の国別金額の推移を示しているが、一九七〇年代後半以降中東地域を対象とする無償援助の多くはエジプト向けのものであった。

政府無償援助が直接パレスチナに提供されるのは、一九九三年のオスロ合意の成立、それに基づくパレスチナ自治政府の樹立を待たなければならない。同年一〇月には外務省経済協力局に「対パレスチナ支援タスクフォース」を設置、パレスチナ自治政府に対するODAの直接供与を決定した。この結果、パレスチナ向け支援は、国際機関を通じての支援と直接の無償援助を合わせて、一九九六年には五〇〇万ドル以下だったのが翌九七年には十倍に増加、二〇〇〇年には五七二五万ドルとなった[5]。以降、二〇〇〇年代前半は無償援助の対象がアフガニスタン復興やイラク復興支援に向けられてパレスチナ向けは急減するも、二〇〇六年には七二七一万ドルに回復、イラク、アフガニスタン向け援助を除けば、パレスチナが中東向け無償援助の最大の供与相手国となったのである。

こうした対パレスチナ支援は、パレスチナ自治政府の位置する西岸のみに向けられたものではない。現在破壊の対象となっているガザ地域にも多く提供されてきた。草の根援助も含めれば、日本政府が供与してきたガザ向け援助は、二〇〇五年のイスラエル軍撤退に伴う民生安定化や、二〇〇六年のガザ攻撃で破壊された農地修復事業を始めとして、二〇一二年、一四年、二一年と、衝突激化が原因でガザでの社会生活が破壊されるたびにUNICEF（国連児童基金）やUNRWA、UNDP（国連開発計画）などの国際機関を通じて行われてきた。それ以外にも、小中学校などの教育施設建設事業（計二五億円以上）、道路・水道整備事業（計一一億円以上）など、ガザ社会の生活に密着したインフラの整備が中心である。

特に医療機材整備計画には、一二・五七億円が費やされている。そこには、今次イスラエル軍が「地下にハマースの指令本部がある」として徹底的な攻撃を行いながら、結局「なにもなかった」と報告されたシファー病院が含まれている。攻撃前の病院内を移した映像には、日本の国旗とUNICEFのロゴがついた保育器が映り込んでおり、そこにくっきりと日本の援助が機能していたことが示されていた。一〇月一七日に爆発が発生したアル＝アハリー病院にも、二〇一三年に草の根支援（X線検査機材整備）を提供している。さらには二〇二〇年二月に政府が決定したパレスチナ自治政府に対する医療設備支援（約一九億五五〇〇万円[6]）の対象のひとつであるインドネシア病院もまた、一一月にイスラエル軍の攻撃に晒されて、大きな被害を受けた。現在日本国際ボランティアセンター（JVC）が東京大学渡邉研究室と共同して、衛星写真を用いたガザにおける日本による支援施設の被害状況の分析を進めているが、それを見るとこれまで日本政府が公的資金を費やしてきた医療、教育関連施設が被害にあっているばかりでなく、JICA（国際協力機構）現地事務所もまたその対象となっていることがわかる[7]。

おわりに――アラビスト外交官の存在

さて、こうした対パレスチナ経済支援策の維持、継続と並行して、日本の中東政策のなかで独自性を誇っているのは、そのアラビスト外交官の存在であろう。日本の対中東外交においては、戦前から、田村秀次、小高正直、多田利雄、林昂らアラビストの活躍が記録に残されているが、戦後は一九五三年からアラビア語研修が開始され、一九五二年入省者から研修対象となった（石井 二〇二三）。

アラビスト外交官の登用は、オイルショック以降増加したといわれるが、日本が直接パレスチナ支援を本格化させた一九九〇年代初頭には、初めてのアラビスト出身の中東アフリカ局長が誕生した（小原武）。その後、中東アフリカ局中東第一課長、第二課長ともにアラビストから任用される時代が続き、一九九四年から二〇年間の歴代の中東第一課長の半数、第二課長の三分の二弱がアラビストとなっている(8)。

しかし、二〇〇一年、米国同時多発テロ事件とアフガニスタン戦争の発生後は、二〇〇四年にアラビストの中東第二課長、二〇〇六年に中東アフリカ局長就任するまで、局長、中東第一、第二課長すべてが非アラビストの他部局からの歴任者によって占められた。これは、竹本（二〇一二）が指摘するように、中東アフリカ局における同局長による各課長ポストでの歴任率（生え抜きによる昇進の度合い）が、他の地域局に比較して低く、他の部局出身者による局長就任ケースが多いという分析結果に合致した事例である。

とはいえ、竹本の分析対象期間後となる二〇一二年から二〇二三年までの間は、これらの局内幹部ポストのうち二つ以上をアラビストが占める形の人事が続いた。局長ポストにおいては、二〇〇六年から二〇一〇年、二〇一四年から二〇二四年一月までアラビストの就任が続いており、中東アフリカ局においても他の地域局にみられるような一定の、専門地域に特化した昇進パターンの萌芽が見られたと言えよう。

その局内幹部人事は、二〇二三年末以降の人事で、再びアラビスト不在となった（二〇二四年二月現在）。この事実は、ガザ戦争と関連があるのか否か。今次のガザ戦争での日本の対応をみれば、当初ハマースの行動に対して「強い非難」を行いつつも「テロ組織」との表現をとらなかった岸田首相が、三日後には「テロ組織」と発言したように、欧米の対ハマース強硬姿勢への追随は明らかである。国連の場では、停戦を呼びかける国連安保理決議案に対して、一〇月一六日のロシア案には反対したものの、続くブラジル案（一〇月一八日）、米国案（二五日）、UAE案（一二月八日）には賛成票を投じた。国連総会決議も、一〇月二七日には棄権したのに対して、一二月一二日には賛成に回るなど、ガザでの被害が大きくなるにつれて、それに同情を示す周辺諸国やムスリム諸国への配慮とも見える姿勢を示してはいる。しかし、それ以上に事態の打開に向けて積極的な外交政策を日本が展開しているかといえば、決してそうではない。

二一世紀の日本の対中東政策が、「対テロ戦争」の展開などによって、大きく対米依存へと傾斜したことは否めない。ただ、そのなかでもアラブ地域の専門知識に長けたアラビストの存在は、特にパレスチナという地道なローカル社会に対する支援が不可欠な地域への援助には、大きな役割を果たしてきた。

その意味では、今次のガザ戦争に向き合ううえで、日本政府がどのように我が国独自の政策を示せるか、いかにこれまでパレスチナに注ぎ込んできた支援の蓄積を活かして、ガザならびにパレスチナの再建に貢献できるか、大きな課題と責務を抱えていると言えよう。

（1）現『外交青書』。
（2）二〇〇四年二月一二―一八日付アハラーム・ウィークリー紙（Al-Ahram Weekly エジプト）において、後ろ手に縛られたイラク人と思われる男性が日の丸をつけた手で箸につままれようとしている風刺画が掲載された。自衛隊の派兵を日本によるイラク占領への加担と解した絵と思われる。
（3）https://www.mofa.go.jp/mofaj/me_a/me1/page25_001067.html
（4）以上の数字は、石井（二〇二三）による。なお外務省資料では（外務省 二〇〇一）、一九九三年までのパレスチナ援助金額は明記されていないので、図3での記載数字とは矛盾がある。
（5）ここでは、直接の無償援助に国際機関を通じた援助を加えた額を扱っている。外務省「政府開発援助（ODA）国別データ集」各年に基づく（図3も同様）。
（6）https://reliefweb.int/report/occupied-palestinian-territory/signing-and-exchange-notes-concerning-medical-grant-assistance
（7）https://gaza.mapping.jp/?s=04&fbclid=IwAR0NbtmWLM_QIKrpY8f3zvTwHGDrL_UkFn4OxbOk_HTNcoB2x6DC-vWjKs
（8）各種新聞報道による外務省人事情報、および官報各号に基づき、筆者の集計による。

参考文献

石井祐一（二〇二三）「戦後日本の対アラブ外交史一九四五年―二〇一〇年」『JIME中東オンライン中東叢書』日本エネルギー経済研究所中東研究センター、p. 81 https://jime.ieej.or.jp/htm/extra/online_series/01_20231006.pdf

外務省（一九五七）「昭和三二年版わが外交の近況」https://www.mofa.go.jp/mofaj/gaiko/bluebook/1957/s32-contents.htm

外務省（一九七四）「昭和四九年版わが外交の近況」https://www.mofa.go.jp/mofaj/gaiko/bluebook/1974_2/s49-shiryou-4-1-14.htm

外務省（一九九一）「外交青書」https://www.mofa.go.jp/mofaj/gaiko/bluebook/1991/h03-2-3.htm

外務省（二〇〇一）「日本の対パレスチナ支援（拠出先別・年度別）」https://www.mofa.go.jp/mofaj/area/chuto/palestin/syosai.html

外務省（二〇〇二―二〇二二）「政府開発援助（ODA）国別データ集」https://www.mofa.go.jp/mofaj/gaiko/oda/shiryo/kuni.html

海外建設協会（一九八五）「三〇年のあゆみ　資料編」海外建設協会

権容奭（二〇〇七年）「レバノン危機と「藤山外交」」『一橋法学』第六巻、第二号、https://hermes-ir.lib.hit-u.ac.jp/hermes/ir/re/14629/hogaku0060201270.pdf

酒井啓子（二〇一三）「アメリカ、資源、イスラーム　対中東外交」国分良成編『日本の外交　第四巻　対外政策』岩波書店

竹本信介（二〇一一）「戦後日本における外務官僚のキャリアパス――誰が幹部になるのか？―」『立命館法学』二〇一一年三号（三三七号）

あとがき

この戦闘には、まだ名前がない――。

二〇〇日を超えてガザ地区で続く戦闘は、中東情勢だけではなく、日本を含めた国際社会を大きく揺るがしている。ガザ地区では想像を絶する人道危機が続き、イスラエル世論はいまだ平静を取り戻すにはほど遠い。周辺国政府がこの戦闘への対処に苦慮する一方で、国際社会全体を見渡せば、各国の足並みの乱れは覆い隠しようがない。アメリカによる国連安全保障理事会でのたび重なる拒否権行使は、今回も際立っている。国際法や国際規範の果たすべき役割には大きな期待が寄せられる一方で、実際に機能しているのかという観点からの批判が重く響く。

東京大学出版会の阿部俊一さんから本書の企画が提案されたのは、二〇二三年一〇月中旬のことだった。イスラエル軍によるガザ地区への空爆が続き、ガザ地区での死者が四〇〇〇人を超えようかという頃である。いまだからこそ正直に書かなければならないが、当初、私はこの企画に前向きではなかった。あまりにも情勢が素早く展開し、事態が刊行までに大きく変化することが明らかだったからだ。実際のところ、イランとの関係を扱う章を設けなかったことは、ひとえに編者としての私の力量不足に起因する。また、当初は「一〇月七日」がことのほか社会の耳目を集め、戦術や兵器の性能など、およそ本質的ではない議論が過熱していたことも私を躊躇わせた。さながら「ハマース・イスラエル戦争」として事態を捉え、「どちらが有利か」といった誤った議論が続いていた。この状態で文字通り「時流に乗る」ことは、誤解を広めることになりかねないと懸念した。

私がその後に方針転換をしたのは、主に二つの理由による。

一つは、この対立の「根源」を探ろうとするいくつかの言説に、危うさを覚えたからである。『図書新聞』(二〇二四年一月一日・三六二二号)に書いたことだが、「二〇〇〇年来の民族・宗教対立」といった類いの表現は、問題の理解を遠ざけるのみならず、諦めの感情すら誘うものだろう。偶然にも、二年ほど続けてきた翻訳プロジェクトが結実し、ラシード・ハーリディー著『パレスチナ戦争：入植者植民地主義と抵抗の百年史』（鈴木啓之・山本健介・金城美幸訳、法政大学出版局、二〇二三年）を刊行するに至った頃である。現在の状況を、より適切な歴史的文脈のなかに位置づけてみせる必要があると感じた。本書の序と第Ⅰ部に含まれる四つの章が、「一〇月七日」を軸にしつつ、歴史的文脈を手厚く論じる構成になっているのは、こうした事情による。

方針転換の二つ目の理由は、同世代やさらに若手の研究者や学生と、ある一晩オンラインで語らう機会を得たことだった。ミーティングの主人公は別にいたのだが、私自身もここで大きく励まされる経験を得た。参加者の多くが、それぞれの問題関心や専門を背景にしつつ、ガザ情勢を真摯に語った。何人もの著者が関わる編著であれば、こうした複合的な視座を提供できるのではないかとの考えが頭をもたげ、その一つは鈴木啓之・児玉恵美編『パレスチナ／イスラエルの〈いま〉を知るための二四章』（明石書店、二〇二四年）に結実した。本書は——私個人の仕事として——その姉妹編とも言うべきもので、私がその仕事に学んできた研究者を中心に編まれることになった。特に、第Ⅱ部に含まれる六つの章では、中東地域全域に留まらず、アメリカや国連、日本などとの関連が扱われる。ガザ情勢を複合的な視座から論じ、世界規模での影響を示すのが狙いである。

さて、原稿が揃ってから、一つの問題が生じた。この戦闘に、定まった名前が付いていないことである。編集者の阿部さんとタイトルについて議論を交わし、最終的に「ガザ紛争」としたのは、ある学生とのやり取りを想起したからだった。ある機会に、「戦争」という言葉の使用について学生からコメントがあった。指摘によると、私は今回の事態について「戦闘」という言葉をよく使う傾向にあり、その背景として国際法が遵守されていないこの武力行使を「戦争」と呼ぶことへの忌避感があるのでは、とのことだった。いま、キャンパスの内外で学生らによる学習会やスタンディングなどの行動、集会の動きが続いている。当初のタイトル案にあった「ガザ戦争」を、やや改変して「ガザ紛争」とすることで、この新たな世代への応答としたい。

二〇二四年五月二〇日

鈴木啓之

編者略歴

鈴木啓之
東京大学大学院総合文化研究科スルタン・カブース・グローバル中東研究寄付講座特任准教授。
1987年生まれ。2010年東京外国語大学外国語学部南・西アジア課程アラビア語専攻卒業。2015年東京大学大学院総合文化研究科地域文化研究専攻博士課程満期退学。博士（学術）。日本学術振興会特別研究員PD（日本女子大学）、日本学術振興会海外特別研究員（ヘブライ大学ハリー・S・トルーマン平和研究所）を経て、2019年より現職。
著書に『蜂起〈インティファーダ〉── 占領下のパレスチナ 1967-1993』（東京大学出版会、2020年）、編著に『パレスチナ／イスラエルの〈いま〉を知るための24章』（明石書店、2024年）、訳書にラシード・ハーリディー『パレスチナ戦争 ── 入植者植民地主義と抵抗の百年史』（共訳、法政大学出版局、2023年）

U.P.plus

ガザ紛争

2024年6月21日　初　版

［検印廃止］

編　者　鈴木啓之《すずきひろゆき》

発行所　一般財団法人　東京大学出版会
代表者　吉見俊哉
153-0041　東京都目黒区駒場4-5-29
https://www.utp.or.jp/
電話 03-6407-1069　Fax 03-6407-1991
振替 00160-6-59964

印刷・製本　大日本法令印刷株式会社

ISBN 978-4-13-033308-5　Printed in Japan

UP plus 創刊にあたって

現代社会は、二〇世紀末の情報革命とグローバル資本主義の深化によって大きく変貌を遂げてきました。情報革命はライフスタイルに大きな変革を及ぼし、わたしたちの生活に多大な影響を与え続け、いまなお変化の途中にあります。また、グローバル資本主義の進展もワークスタイルに大きな変革を及ぼし、世界の一体化を促進させてきました。しかし、同時に様々な次元で格差を生じさせ、分断を深めています。

しかし、二〇二〇年の初頭に発生したCOVID-19（新型コロナウイルス感染症）のパンデミックによって、より快適に、より便利に、より早く、ということを追求してきた現代社会は大きな影響を受けたのです。この出来事はわたしたちに大きな警鐘を与えるとともに、わたしたちが生きている社会のあり方、そして世界のあり方にも再考をうながしているのです。

このような状況下で、いま一度「知」というものを改めて考え直す時代が訪れているのではないでしょうか。いまの危機を乗り越え、格差や分断を乗り越えるには、人類が積み重ねてきた「知」の集積をたよりにして、あたらしい地平を開くことこそが求められているのではないかと考えられるのです。まだ見ぬ世界への道しるべとして、「知」はやはりかけがえのないものなのです。

このたび、東京大学出版会は、「UP plus」と題し、「知」の集積地である、大学からひろく社会と共有する「知」を目指して、複雑化する時代の見取り図としての「知」、そして、未来を開く道しるべとしての「知」をコンセプトとしたシリーズを刊行いたします。

「UP plus」の一冊一冊が、読者の皆様にとって、「知」への導きの書となり、また、これまでの世界への認識を揺さぶるものになるでしょう。そうした刺激的な書物を生み出し続けること、それが大学出版の役割だと考えています。

一般財団法人　東京大学出版会

川島　真・池内　恵編

新興国から見るアフターコロナの時代

――米中対立の間に広がる世界

Ａ５判・一九二頁・一五〇〇円

新型コロナウイルス感染症によって、世界秩序は大きく変化した。その影響は米中といった超大国だけではなく、地域大国（ＢＲＩＣＳ）にも及んだ。本書は、大きく変化する国際関係を地域大国といわれる国々を中心に多角的な視点から分析し、最新の動向を踏まえ展望する。

佐橋　亮・鈴木一人編

バイデンのアメリカ

――その世界観と外交

Ａ５判・二四二頁・二五〇〇円

トランプ前アメリカ大統領を僅差で破り、二〇二一年一月に就任したバイデン大統領。就任以降、バイデン政権は内政・外交ともになにを目指すのか？　超大国アメリカの実像を気鋭の研究者が読み解く、アメリカ研究の最前線。

ここに表示された価格は本体価格です。御購入の際には消費税が加算されますので御了承下さい。

伊達聖伸・藤岡俊博編

「暴力」から読み解く現代世界

Ａ５判・二〇八頁・二五〇〇円

二〇一九年、香港の大規模デモと政治危機、二〇二〇年五月、アフリカ系アメリカ人のジョージ・フロイドさんが白人警官に首を圧迫されて死亡した事件からの Black Lives Matter（ＢＬＭ運動）、二〇二一年二月のミャンマー国軍のクーデターによる民衆への弾圧、そして、二〇二二年二月のロシア・プーチン政権によるウクライナ侵攻……。世界は今、暴力で覆われている。これらの暴力を生み出しうる構造を解き明かす。

池内　恵・宇山智彦・川島　真・小泉　悠・鈴木一人・鶴岡路人・森　聡著

ウクライナ戦争と世界のゆくえ

Ａ５判・一三二頁・一七〇〇円

二〇二二年二月二四日にロシア・プーチン政権のウクライナ侵攻は世界に衝撃を与え、いまなお、日々リアルタイムに戦争の状況は報道され、戦争の終結は、今現在も見えていない状況である。本書は、いまもっともアクチュアルに活躍する地域・国際関係の研究者がこの状況を各専門分野から、ロシア・ウクライナ戦争と今後の世界を見通す。

ここに表示された価格は本体価格です。御購入の
際には消費税が加算されますので御了承下さい。

土屋和代・井坂理穂編

インターセクショナリティ

現代世界を織りなす力学

Ａ５判・一八四頁・二六〇〇円

多様性に満ちた現代社会を理解するうえでいま最も重要概念のひとつと呼ばれる「インターセクショナリティ（交差性）」。この分析概念を用いて、様々な地域の歴史、社会、文化のいかなる諸相が浮き彫りになるのかを、様々な角度からアプローチし、新しい世界への認識を導き出す。